이
해
와
오
해

일상의 고정관념이나 작은 이익에 매달려
놓치고 있는 더 큰 가치는 없는가?
오늘 부닥친 문제를 바라보면서 역사에서
얻을 교훈은 무엇인가?

이해와 오해

박종일 지음

도서출판 파주에서

어느 새 "파주에서"에 칼럼을 연재한지 3년이 되었습니다.

학식도 글 솜씨도 검증되지 않은 저에게 지면을 내주셨던 편집자에게 감사드립니다.

3년 동안 읽어주신 독자 여러분께도 정말 감사드립니다.

돌이켜보니까 3년 동안에 약 70회의 칼럼을 썼습니다.

그 동안 글을 쓰면서 저는 두 가지 화두를 독자들과 함께 고민하고 싶었습니다.

일상의 고정관념이나 작은 이익에 매달려 놓치고 있는 더 큰 가치는 없는가?

오늘 부닥친 문제를 바라보면서 역사에서 얻을 교훈은 무엇인가?

우리에게 긴 역사를 통해 영향을 미쳐온 중국이란 이웃에 대해 우리는 너무나 피상적으로만 알고 있는 게 아닌가 나름 걱정이 많았습니다. 그러다 보니 짧은 지식과 경험이나마 중국에 관한 얘기를 자주 썼습니다. 조선족 동포에 관한 얘기도 그 맥락 위에서 자주 언급했습니다. 이 주제는 앞으로도 기회 닿는 데로 독자 여러분과 의견을 나누고 싶습니다.

지난 2년 동안 우리 사회의 흐름을 바꾼 큰 사건으로서 저는 세월호 침몰과 대통령탄핵을 꼽고 싶습니다. 이 두 사건이 앞으로 우리 역사의 진로를 순방향으로 열어가도록 독자 여러분과 함께 세심히 지켜보았으면 합니다.

우리는 70년 동안 전쟁을 쉬고 있는 상태에서 살고 있습니다. 남북이 서로 비난하는 확성기 소리가 아침저녁으로 들리는 임진강 가에 살면서, 한반도의 운명을 두고 벌어지는 주변강대국의 게임을 보면서, 저는 4백여 년 전에 40여 년 동안 4차례의 전쟁 ─ 임진년(1592년)과 정유년(1597년)의 왜란, 정묘년(1627년)과 병자년(1636년)의 호란 ─ 을 겪어야 했던 한반도를 떠올립니다. 그때나 지금이나 우리는 국제관계의 세력 재편기에 벌어지는 장기판의 졸은 아닐까요? 여러분과 같이 고민해보고 싶습니다.

못난 글을 읽어주신 독자 여러분이 있어서 행복했습니다.

"파주에서" 함께 할 수 있어서 즐거웠습니다.

박종일 올림

차례

물기 남은 그릇과 이빠진 그릇

한국과 중국은 지리, 문화, 역사를 통해 오래전부터 교류해 왔기 때문에 두 나라의 보통 시민들은 상대방 문화를 잘 알고 있다고 생각하는 경향이 있다. 특히 대부분의 한국사람은 삼국지연의, 수호지, 서유기 등의 내용을 통해 중국의 역사와 문화를 상당한 정도로 이해하고 있다고 자부하는 경향이 강하다.

중국에 가서 보통의 중국시민들이 자주 찾는 식당에서 음식을 먹어본 적이 있는 한국사람이라면 음식 그릇 때문에 불쾌감을 느낀 적이 많을 것이다. 예컨대, 중국식당에서는 음식을 나누기 위해 빈 대접을 달라고 요청했을 때 물기가 남아있는 그릇을 그냥 주는 경우가 대부분인데, 이

때 한국 사람은 그릇이 불결하다고 생각한다. 뿐만 아니라 음식을 담은 그릇도 이빨이 빠진 경우가 많은데 한국인이라면 불쾌감을 느끼지 않을 수 없다.

그러나 중국사람들의 기준에서 본다면 전혀 의미가 달라진다. 물기가 남은 그릇은 손님을 위해 깨끗이 씻어두었다는 증거이며, 이빨 빠진 그릇은 그 식당이 오랜 관록을 가진 곳이라는 표지이기도 하다. 오히려 중국사람들은 그릇의 물기를 행주로 깨끗이 닦아내는 한국식 습관을 의아스럽게 생각한다. 음식 담는 그릇을 걸레(또는 걸레 같이 생긴 것)로 닦다니…저건 조금 전까지 이 식탁 저 식탁을 훔치던 그 걸레 아닌가!

— 2014년 10월 22일 연재

한국인 2차, 3차, 중국인은 한 자리에서

보통의 한국 사람은 보통의 중국사람이 술을 엄청나게 마신다고 생각한다. 그런 단정(?)은 한국의 보통 사람이라면 대략은 알고 있는 중국 고전문학과 흔히 접했던 홍콩 무협영화로부터 영향을 받은 바가 큰 것 같다. 수호지에 등장하는 노지심은 술을 독으로 마시고, 성룡이 출연한 취권에서는 술을 마구 들이켠 뒤 무공을 제대로 펼친다.

수호지는 송宋나라 말기가 시대배경이고, 지금 우리가 알고 있는 고량주 같은 고도주를 만들어내는 증류방식은 송나라 말기에 조금씩 알려지기 시작했다. 그러니 노지심이 독채로 들이킨 술은 고량주가 아니었단 얘기다. 생각해보라. 고량주만큼 취기를 올리려면 막걸리로는 얼마나 마셔야할지.

중국의 보통사람들은 한국인들이 술 마실 때면 으레 2차, 3차까지 가는 줄로 생각한다. 그래서 한국인 친구에게는 2차, 3차까지 대접해야 한다는 생각을 갖고 있는데, 그들의 얘기로는 한국 TV연속극에서 늘 그런 장면을 보았다는 것이다. 중국 사람들은 술만 마시기 위해 모임을 갖지 않는다. 술만큼 중요한 게 함께 먹는 음식이다. 그러니 술은 한 자리에 오래 앉아 좋은 음식과 함께 즐긴다. 배가 부른데 2차, 3차 까지 갈 수는 없지 않은가?

두 나라의 보편적인 음주 습관이 어떻든 술을 전혀 못하는 사람과 엄청나게 마시는 사람은 양쪽에 다 존재한다. 좋은 음주습관만 서로에게서 배웠으면 좋겠다.

— 2014년 11월 5일 연재

짜장면과 동학혁명

중국의 여러 지방, 특히 북방에는 각지의 특색 있는 짜장면炸醬麵이 있다. 조리 방식은 한국의 짜장면과 유사하나 맛은 전혀 다르지만 서민들이 간단하게 한 끼 때우는 음식이란 점에서는 같다. 한국의 짜장면은 중국이 원산이지만 철저하게 한국화 되어버려서 중국 관광객들은 그것이 한국의 고유음식인 줄로 생각할 정도다.

동학혁명이 일어나자 조선왕조는 중국에 군사지원을 요청했고, 조선반도에 눈독을 들이고 있던 일본도 이를 빌미로 군대를 파견하였다. 이때문에 청·일 두 나라 군대가 남의 나라인 조선의 바다와 육지에서 전쟁을 벌이게 되었다(청일전쟁, 중국에서는 갑오 전쟁이라 부른다). 이 전쟁에서 일본이 승리하여 조선은 일본의 식민지가 되었다. 패한 청나라 군대는 돌아가고 군대가 데려온 민간인 노무자들은 한국에 정착하게 되었는데 이들 대부분이 산동성 복산福山현(지금은 연태煙台시 복산구) 출신이었다. 이 사람들이 생계를 위해 시작한 것이 – 예나 지금이나 이주민들이 대부분 그렇게 하듯이 – 음식장사였다. 한국의 자장면은 산동성 복산현 지방 자짱면이 그 원조인 셈이다.

한국인의 입맛에 맞추기 위해 복산 짜장면은 변신을 거듭하여 지금의 모습과 맛을 갖추게 되었다. 한국식 짜장면에는 양파, 단무지, 김치가 반찬으로 따라 나온다. 중국 북방 사람들은 간단한 반찬으로 양파를 즐겨먹는데 이 습관이 그대로 이어졌던 것이고, 한국 손님들 입맛에 맞추기 위해 김치가 더해졌고, 한국이 일본의 식민지가 되자 일본식 단무지가 덧붙여졌다. 우리가 국민음식으로 즐겨먹는 짜장면 한 그릇에는 이처럼 동아시아 3국의 근대사가 응축되어 있다.

올해는 동학혁명이 일어난 지 두 갑자(120년)가 되는 해이다. 짜장면 한 그릇 먹을 때 잠시 우리의 근대사를 생각해보자.

— 2014년 11월 19일 연재

도굴인가? 보존인가?
인디아나 존스 이야기

　강단에서 나비넥타이를 매고 고고학을 강의하던 잘 생긴 교수가 어느 날 낡은 가방을 둘러매고 가죽 채찍 하나만 달랑 든 채 미개인의 마을로 달려간다. 그는 미개한 문명의 문물을 악당들로부터 지켜내거나 그것들을 미국으로 가져오기 위해 온갖 모험을 겪는다. 스필버그 감독이 만든 '인디아나 존스'의 주인공 존스 박사의 활약상이다.

　존스 박사의 실존 모델 가운데 한 사람이라고 불리는 인물이 랭던 워너(1881-1955)이다. 그는 하버드 대학의 교수로 실크로드를 연구했으며 하버드대학 포그 박물관의 동양미술 큐레이터였다. 그의 중요한 업적(?) 가운데 하나가 1924년 중국 돈황 천불동 막고굴 제335, 323, 321,

320호 굴 벽화를 몽땅 - 26 점, 면적으로는 도합 32,006 평방 센티미터 - 뜯어내어 반궤¥跪보살상 1기와 함께 포그 박물관으로 가져간 일이다. 이 작업을 위해서 포그 박물관이 직접 재정지원을 했다. 이때 가져간 문화재는 지금도 포그 박물관에 진열되어 있다. 이 무렵은 중국은 외부로부터는 서구 열강의 침략에 시달리고 있었고 내부적으로는 군벌들 사이의 경쟁 때문에 정치 경제적으로 매우 혼란스러워 돈황 유적 같은 것에는 눈길조차 줄 수 없는 상황이었다.

워너의 행위가 발굴이었는지, 도굴이었는지, 약탈이었는지를 두고 견해가 분분하다.

워너 자신은 그것을 후손을 위해 가치 있는 예술품을 보존한 영웅적인 행동이라고 말했다. 현재 중국정부의 공식 입장은 '워너는 약탈자'라는 것이다. 람보가 자유를 지키기 위해 악당들과 싸웠듯 존스 박스는 문화재를 지키기 위해 싸웠다고 주장하는 사람도 있을 것이다. 어떻게 결론을 내든 놓치지 말아야 할 것은 지키려는 자유와 문화재가 누구의 것이냐 하는 점이 아닐까?

혹 중국 돈황을 관광하러 가시거든 힘이 없어 뜯겨나간 역사의 상처를 눈여겨 보고 오시기 바란다.

— 2014년 12월 3일 연재

표준어와 사투리

땅감, 조개기름, 꿀아제비……어떤 사전에도 나오지 않는 말이다.

1936년 조선어 학회에서 사정하고 공표한 조선어 표준말 모음을 보완하여 1988년 1월에 문교부가 고시한 표준어의 정의는 '교양 있는 사람들이 두루 쓰는 현대 서울말'이다. 왜 표준어를 정해두어야 하는지는 굳이 설명할 필요가 없을 것이다. 그러나 언어는 살아 있는 것이기 때문에 규정에 맞지 않는다고 해서 인위적으로 도태시킬 수가 없고 언어 현실을 반영하자면 규정을 계속 바꾸어 주어야 하니 그렇다면 규정 자체가 의미를 상실하게 되는 모순이 생긴다. 우리의 언어생활이 더욱 풍부해지기 위해서는 '서울말'이 아니고 '교양 없는 사람들'이 사용하는 말일

지라도 시대의 정서를 품고 있고 우리말의 특징과 아름다움을 담아낸 말이라면 표준어와 동등한 대접을 받아야 하지 않을까?

땅감은 토마토를 이르는 말이다. 생김새가 감과 같은데 땅에 붙어서 자라는 특징을 포착한 표현이다. 석유가 우리나라에 처음 들어왔을 때에 석유를 담은 용기에 조개shell가 그려져 있었고 조개는 Shell 석유회사의 상표이다. 그렇다면 꿀아제비는 무얼까? 꿀처럼 달지만 꿀은 아니면서 단맛의 강도로는 그것보다 한 촌수 더 위에 가는 물건……사카린이다. 예쁘고 재미있는 말들이 아닌가? 개화기에 우리 선조들이 새로운 문물을 접하면서 붙여준 이름들이다. 나는 경남 중북부 지역에서 태어나 이런 말들을 듣고 사용하며 자랐지만 어느 땐가부터 사투리로 몰려 사라져버렸다.

다양성이 문화발전의 한 척도라고 한다면 서울말과 지방말은 대등하게 대접받아야 하지 않을까? 서울말도 지방어 가운데 하나로 다루어진 그런 사전이 나왔으면 좋겠다.

— 2014년 12월 17일 연재

갑골문 이야기

세계의 4대 고대문자 중에서 이집트의 파피루스 문자, 바빌로니아의 진흙 판에 기록한 문자, 마야 문자는 진화 과정에서 정지하거나 사용되지 않아 역사의 무대에서 소멸되었다. 오직 중국의 갑골문만 지금까지 이어져 내려오고 있다. 갑골문은 중국의 은상殷商 시대 후기(대략 기원 전 1,500년에서 1,100년 사이)에 사용된 문자인데 주로 점을 친 내용을 거북이 등껍질이나 짐승의 뼈에 새겼기 때문에 갑골문이라 불렀다.

갑골문의 발견 과정에 관해서는 오래 동안 다음과 같은 흥미 있는 얘기가 전해져 왔다. 1899년 북경의 국자감國子監 제주祭酒 왕의영王懿榮이 학질에 걸렸다. 태의太醫가 진맥한 후 처방전을 써주었는데 그 중에 "용골"이란 약재가 들어 있었다. 집안 일꾼이 시장에 나가 사온 약재를 살펴보던 왕의영은 "용골"에 삐뚤삐뚤하고 마치 전자篆字 같은 모양이지만 해독할 수 없는 문자가 새겨진 것을 발견했다. 동기명문銅器銘文에 정통했던 그는 그것이 고대의 문자라고 확신했다. 이 우연한 발견을 통해 갑골문이 세상에 알려져 학계를 뒤흔들어 놓았다. 이른 바 '용골'이란 하남 안양安陽 일대의 농민들이 밭 갈다 발견한 물건이었다.

갑골에 새겨진 내용은 3천 년 전의 은상殷商 시대의 정치, 경제, 문화, 사회풍속, 천문, 종교 등 거의 모든 분야를 망라하고 있다. 역사자료가 없어 전설로 치부되던 중국 고대사의 중요한 부분이 제 모습을 찾게 된 것이다. 그러나 유감스럽게도 갑골문은 출토되던 그날로부터 끊임없이 유실되기 시작했다. 처음에는 약재로, 후에는 제국주의 각국 문화 거간꾼들이 각종 명목을 앞세워 대량으로 사갔다. 최근의 통계에 따르면 현재 갑골문을 수장하고 있는 국가와 지역은 12곳에 이르는데 일본이 가장 많이 보유하고 있다고 한다(개인과 기관 소장 합 12.443점).

최근 경주에서는 10년 계획으로 월성궁터를 발굴하는 작업을 시작했다고 한다. 일부에서는 관광자원으로 활용하기 위해 발굴 기간을 단축하자고 재촉하는 모양인데 그럴 일이 아니다. 중요한 역사자료가 나타나서 우리의 고대사를 다시 써야 할지도 모르는데 천천히 할수록 좋다.

— 2015년 1월 7일 연재

서태후西太后의 영광과 치욕

　중국 근대사의 주요 등장인물 가운데서 서태후는 여성으로서 제국의 최고 권력을 휘둘렀기에 일화가 많아 그에 관한 얘기는 사극의 단골 주제가 되고 있다. 그는 세 황제(동치同治, 광서光緖, 부의溥儀)를 거느리고 반세기(1861~1908년) 가까이 수렴청정을 하면서 근대 중국을 통치했다. 그는 통치 기간 동안에 태평천국 반란의 진압을 위시하여 중국-프랑스 전쟁, 양무운동, 유신변법, 청-일전쟁, 의화단의 난을 겪고 수습했다. 신해혁명이 일어나기 직전에 죽었기 때문에 자신이 통치했던 제국의 몰락을 직접 목격해야하는 고통은 면했지만 그의 통치가 남긴 흔적은 근현대 중국의 큰 멍에가 되었다.

그의 업적에 대한 역사적 평가는 연구자가 속한 시대와 나라에 따라 다양하지만 대체로 수구 반동이란 점 때문에 후한 평가는 못 받는 것 같다. 중국에서 52년 동안 선교활동을 벌였고 중국에 관한 수많은 저서를 남겼던 미국인 스미스(Arthur Henderson Smith, 중국명 명은보明恩浦:

서태후

1845~1932)는 서태후(자희태후慈禧太后)를 이렇게 평가했다. "중국의 문호를 개방하려던 적대세력의 시도가 실패한 적은 한 두 번이 아니지만 하나의 원인을 찾는다면 이 여성 통치자의 독특한 개성과 재능 때문이라고 하지 않을 수 없다."

이화원頤和園은 순전히 서태후의 오락과 피서를 위해 지어진 별궁이었고 전국에서 역대의 진귀 문물과 전적, 서화, 금은보화의 정수를 모아들여 소장하였다. 의화단 난을 진압한 뒤 제국주의 열강 8국 연합군은 1900년 8월에 이화원을 침탈하고 문자 그대로 잿더미로 만들었다. 서태후는 죽은 후에 청 황실 능원인 동릉東陵에 묻혔다. 1928년의 어느 날 밤, 하급 군벌 손전영孫殿英이 군자금에 충당할 목적으로 서태후의 능을 파헤쳐 그가 잠든 관의 뚜껑을 열고 천하의 온갖 보물을 담은 관을 깨끗이 비웠다. 심지어 미라 상태의 시신의 입속에 든 야명주夜明珠를 꺼내기 위해 입을 찢었다. 그의 시신은 완전히 나체가 되어 묘실 한 쪽 구석에 팽개쳐졌다. 그가 눈을 감은지 20년 만에 일어난 일이다. (그의 직계 조상이자 청 왕조의 기틀을 다진 위대한 군주 강희제康熙帝의 능도 이 때 파헤쳐졌다. 강희제는 더욱 참혹하게도 해골이 산지사방으로 흩어져 후에 뼛조각도 온전하게 수습하지 못했다.)

중국 근대사를 상징하는 인물의 인생 전말이 이러했다. 그리고 그것이 중국 근대사의 한 단면이었다.

— 2015년 1월 21일 연재

몽고말馬

칭기즈칸은 유럽과 아시아를 하나로 연결하는 대제국을 건설했다. 학자들은 칭기즈칸이 말 위에서 제국을 만들고 통치했다고 표현하는데 그만큼 몽고의 군사력에서 말이 차지하는 역할과 비중이 컸다는 의미이다.

제국을 건설한 중요한 병기였던 (몽고)말이라면 아라비아 말이나 유럽 말보다 더 뛰어난 체격 조건을 갖춘 멋진 말이라야 당연할 것인데 이런 기대를 가지고 실제로 몽고말을 보게 되면 실망하지 않을 수 없다. 몽고말은 다른 말에 비하면 차라리 당나귀라고 할 만큼 왜소하다. 우리가 익히 알고 있는 제주도 말이 바로 몽고말이다.

성장한 몽고말의 어깨 높이는 평균 120~135센티미터이니 성인 남자의 어깨 높이와 비슷하다. 다리는 짧고 머리는 불균형하게 커서 전체 체형이 멋스럽다고는 할 수 없다. 달릴 때 최고 속도도 당연히 아랍 말이나 유럽 말에 뒤진다.

몽고말의 가장 중요한 장점은 지구력이다. 유럽인으로서 몽고말에 관해 최초의 관찰기록을 남긴 사람은 교황청이 최초로 몽고제국에 파견한 선교사 카르피니(1185?~1252년) 신부였는데 그는 이렇게 표현했다. "키는 크지 않으나 말할 수 없이 강인하고 여물을 아주 조금 먹는다." 몽고말은 적게 먹고 물을 조금밖에 마시지 않으며 반야생 상태에서 사육돼기 때문에 어떤 기후조건에서도 잘 견딘다. 몽고말은 사람을 태우고 하루에 50킬로미터 이상 100킬로미터 까지, 10여 일을 연속하여 달릴 수 있다. 만주국 정부가 주최하여 1940년에 첫 번째로 열린 몽고말 경주대회의 종목은 165킬로미터 달리기였다. 기수들은 저녁 9시에 출발하였고 그 다음날 아침 여덟시에 도착한 기수가 우승컵을 차지했다.

몽고말을 현대의 전투병기로 비유하자면 연료소모량이 매우 적고 가볍고 견고한데다 어떤 지형조건에서도 기동성이 뛰어나고 고장도 잘 나지 않는 탱크에 비유할 수 있을 것이다.

— 2015년 2월 4일 연재

봄이 왔는데도 왜 새들이
지저귀지 않는가?

봄이 왔는데도 왜 새들이 지저귀지 않는가? 새들은 어디로 갔을까?

1962년에 출간된 레이첼 카슨(1907~1964)의 저서 『침묵의 봄』은 현대
환경운동의 등장을 알린 이정표로 평가받고 있다. 이 책은 화학산업과
그것이 생산한 치명적인 살충제를 고발하기 위해 쓴 책이었다. 카슨은
합성 살충제에 의존하면 살충제에 노출된 해충들이 내성을 갖게 되어
더 많은 살충제를 사용해야 하는 악순환이 일어난다고 정확하게 경고했
다. 카슨과 그의 발자취를 따라간 사람들은 DDT같은 치명적인 독성물
질의 사용을 금지하는 등의 승리는 얻었지만, 화학물질의 사용은 계속
확대되었다.

무엇보다, 카슨의 가장 중요한 업적은 합성 살충제의 위험을 경고한 것이 아니라 우리 사회 전체에 대해 생태학적 비판을 가했다는 것이다. 그는 현대사회에서 생태를 파괴하는 힘이 무엇인지를 알고 있었다. 그는 생태 악화의 주요 원인은 '이윤과 생산이라는 신神들'이라고 지적했다. 환경과의 지속 가능한 관계를 저해하는 가장 큰 장애물은 우리가 '산업이 지배하는 시대, 어떤 희생을 치르더라도 한 푼이라도 더 버는 것이 권리이며 이런 권리가 비난받지 않는 시대에 살고 있다는 사실 자체'이다.

카슨은 홀로 돌출한 인물이 아니라 1950년대와 1960년대에 핵방사능의 위험을 알리는 일에서 시작된 과학자들과 진보적 지식인들의 저항운동의 한 부분이었다. 이들의 작업으로부터 현대의 생태운동이 등장했다. 카슨은 『침묵의 봄』에서 "살충제나 제초제 가운데는 유전자의 변형을 일으키는 물질이 다수 있다. 우리가 방사선의 유전자 변형작용을 알고서는 놀라면서 우리의 환경 속에 널리 분포되어 같은 작용을 하는 화학물질에 대해서는 왜 무관심한가?"라고 물었다.

『침묵의 봄』이 나온 지 반세기가 지난 지금 화학물질의 사용이 줄어들기는커녕 이제는 아예 유전자를 변형시킨 종자로 농사를 짓고 그 수확물을 먹는다. 이러다가는 봄만 침묵하는 것이 아니라 우리의 문명 자체도 침묵하게 되지 않을까 하는 생각도 든다. 봄이 오는 길목에서 레이첼 카슨을 생각하는 까닭이 그것이다.

— 2015년 2월 16일 연재

아름다운 술 애기-소흥주

술은 그 자체로도 멋있는 음식이지만 전설과 역사가 그 술 속에 녹아
든다면 더할 나위 없이 아름다운 음식이 된다.

중국의 술은 크게 백주와 황주로 나뉘는데, 술의 색깔-무색(백주)과
갈색(황주)-과 원료-수수(백주)와 쌀(황주)-와 양조공정에서 차이가 생
겨난다. 건조하고 추운 북방에서는 주로 백주를 즐기고 습하고 따뜻한
남방에서는 주로 황주를 즐긴다. 우리에게 백주(고량주 또는 빼갈)는 익
숙하지만 황주는 잘 알려져 있지 않다.

대표적인 황주가 절강성 소흥에서 나는 소흥주紹興酒이다. 이 술은 맛
도 일품이지만 몇 가지 재미있고 의미 있는 전설과 역사를 지니고 있어

서 더욱 맛깔스럽다.

월왕 구천이 와신상담[臥薪嘗膽] 끝에 오나라를 치러 나갈 때 백성들이 격려와 존경의 표시로 왕에게 소흥주를 바쳤다(소흥은 월나라의 도읍). 구천은 이 술을 강 상류에 붓게 하고 병사들과 함께 헤엄쳐가며 마셨다. 왕과 병사가 하나된 월나라의 군대가 오나라를 이기지 못할 이유가 없었다.

서예의 성인 왕희지가 여러 문인들을 초대하여 소흥의 난정이란 곳에서 흐르는 물에 술잔을 띄워 함께 소흥주를 마셨다(경주 포석정에서처럼). 이때 지은 시를 모아 낸 시집 서문(난정집서[蘭亭集序])을 왕희지가 썼다. 이 글씨는 천하제일의 행서라는 평가를 받고 있다(강희[康熙]황제는 이 글씨를 무덤에 넣으라는 유언을 남겼다).

예부터 소흥사람들은 딸이 태어나면 아기를 씻긴 물로 술을 담그고 오동나무를 심었다. 아이가 자라 시집갈 때면 아이와 함께 자란 오동나무를 베어 혼수 가구를 만들고 아이와 함께 숙성한 술 단지에 꽃과 새 그림을 그려 예단으로 보냈다. 그래서 소흥 사람들은 소흥주를 여아주女兒酒 또는 화조(花雕, 꽃 그림)라고 부른다.

주은래는 소흥 출신이었다. 그는 외빈을 접대할 때면 항상 소흥주를 내놓아 세상에 알렸다. 노신도 소흥 사람인데《공을기孔乙己》란 작품에서 소흥주의 맛과 마시는 방법을 묘사했다.

이런 술이라면 얘기만 들어도 취할 것 같지 않은가? 이처럼 멋진 역사와 전설이 녹아있는 우리 전통 술이 있지 않을까?

— 2015년 3월 4일 연재

주나라 후직의 탄생설화가 예수탄생 예언서가 되다!

'피겨리즘(Figurism=구약상징론)'은 17세기 말~18세기 초, 중국에서 활동하던 예수회 선교사들이 중국화된 선교방식을 찾기 위해 벌인 지적운동을 가리킨다. 예수회 선교사들은 중국 지식인들을 상대하는 것보다 청 황제의 신임과 후원을 얻는 것이 선교에 더 도움이 된다고 믿었다. 그러면서《역경(易經)》을 고대 기독교의 비밀을 담고 있는 예언서로 받아들였다.

《시경-대아大雅 · 생민生》》은 주周나라 시조 후직后稷의 탄생설화이다. 제곡의 아내 강원姜嫄은 어느 봄날 나들이에서 거인의 발자국을 밟고 기이한 기운을 받고 그 해 말 추운 날에 태반에 쌓인 사내아이를 낳았다.

아이를 비좁은 골목에 버리자 지나는 소와 양이 모두 피해갔다. 아이를 들판 가운데 얼어붙은 호수에 버리자 하늘에서 날아온 큰 새가 날개로 아이를 덮어주었다. 아이는 마침내 태반을 벗고 나와 울음을 터뜨렸다. 이 아이가 후직이다. 후직은 곡식의 신으로서 천상의 종자를 인간의 대지에 뿌렸고 신에게 올리는 제례를 창시했다.

선교사들은 이 탄생설화에서 강원을 성모 마리아라고 해석했다! 후직은 버려졌고 예수도 말구유에 버려졌다. 둘의 탄생은 똑같이 겨울이다. 또한 신비한 새는 기독교의 비둘기, 날개로 후직을 감싸준 신비한 새는 천사. 천사가 하늘에서 맴돌면서 성스러운 아기의 얼어붙은 몸을 녹여 주었다. 아기가 울음을 터뜨린 것은 신의 아들이 인간을 대신하여 받게 될 첫 번째 고통을 의미했다. 한자풀이도 독특한 계시로 해석되었다. '울다(제啼)'라는 글자는 '구口'와 '제帝'가 합해진 글자이니 하나님上帝이 우는 소리로 해석되었다. 후직의 어머니는 이름이 강원姜嫄이고 '강姜'은 '양羊'과 통하니 후직은 하나님의 어린 양이었다. 《생민》은 구세주 그리스도의 탄생 사건을 예언한 시가 되었다.

교회에서는 예수회 선교사들의 저작을 이단으로 단죄하고 폐기하도록 했다. '하나님의 선택받은 백성'이 되는 영광을 중국인에게도 주다니! 뿐만 아니라 기독교 진리가 《성경》보다 먼저 쓰인 중국 고전 속에 존재한다는 사실을 애써 증명하려 했기 때문이다. 뒤이어 교회는 중국인 신자의 조상제사를 금지시켰다. 이때부터 예수회 선교사들은 교회와 청황실 양쪽으로부터 버림받았고 중국 선교사업은 위기를 맞아 쇠퇴기에 들어갔다.

　다른 문화, 그것도 유럽문화보다 더 오래되고 어떤 면에서는 앞서 있던 중국에 유럽의 종교를 전파한다는 결코 쉽지 않은 일이 겪은 역사적 희비극의 한 단면이 이러했다.

— 2015년 3월 18일 연재

편견과 오만

"철수는 초등학교에 다닐 때 한글을 잘 몰라 힘들어했습니다. 철수 엄마가 중국인인 다문화가정이었기 때문입니다. 철수는 학교에 잘 적 응하여 초등학교 과정을 무사히 마치고 금년 봄이면 중학교에 진학합니 다. 철수는 중학교 입학을 앞두고 새로운 친구를 만날 기대에 부풀어 있 지만 또 다른 걱정도 있습니다. 집안 형편으로는 교복을 사서 입기가 쉽 지 않기 때문입니다. 교복 물려주기는 수많은 철수와 같은 아이들에게 큰 도움을 줄 것입니다."

위의 인용문은 공영 라디오 방송국에서 교복 물려주기 운동을 시작 하면서 방송한 공익광고의 문장이다. 논리적으로 분석하자면 이 광고는 다음과 같은 가정을 바탕으로 하고 있다. 첫째, 엄마가 결혼 이민자인 다문화 가정의 아이들은 한글을 잘 몰라(모를 수밖에 없어) 학교생활에서 어려움을 겪는다. 둘째, 결혼 이민자는 대부분 중국출신이다. 셋째, 다문화 가정은 경제적으로 어려워 교복을 마련하는데 곤란을 겪고 있다.

그런데 우리는 이런 가정을 증명해줄 어떤 실증적 통계를 본적이 없다. 우리는 단지 단편적인 사례와 그것으로부터 비롯된 감성적인 '믿음'을 갖고 있을 뿐이다. 그렇다면 이것은 심각한 편견이다. 다문화를 인정하고 수용하자면서 편견을 바탕으로 '어려운 다문화가정에게 교복 물려주기' 운동을 한다면 그것은 오히려 다문화가정을 배제하고 차별하는 인종적 오만으로 치달을 수 있다.

'러브 인 아시아'란, 엄마가 결혼 이민자인 다문화 가정을 소개하는데 시청률이 꽤나 높은 TV 프로그램이다. 프로그램의 취지는 다문화를 수용하자는 것이겠지만, 처가 나라의 문화와 역사를 이해하려는 노력은 눈꼽만큼 비쳐줄 뿐이다. 방송은 가난한 처갓집 나라를 찾아가서 선행—집 고치고 가전제품 사다주는—을 베풀고 오는 한국인 사위의 얘기다. 한국인 사위는 가난한 나라의 여자를 구제하는 '백마를 탄 왕자님'인 듯한 느낌이 든다.

'다른 것'과 '열등한 것'을 같은 것으로 보는 편견에서 벗어나자. 다른 것을 '받아들이는 것'을 '구제해 주는 것'이란 오만을 버리자. 그런 편견과 오만을 퍼뜨리는 무식한 언론을 받아들이지 말자.

— 2015년 4월 1일 연재

13 이해와 오해

헤이 · 온 · 와이

책으로 마을을 만들겠다는 불가사의한 착상을 실현한 사람이 있다. 영국인 리차드 부스Richard Booth가 그다.

마을의 이름은 Hay-on-Wye, 와이 강가의 검은 마을이란 뜻이다. 1960년 초에 갑자기 기발한 아이디어를 떠올린 청년 부스는 웨일즈의 작은 농촌 마을로 들어가 각기 다른 주제를 다루는 헌책방 몇 곳을 열었다. 결국이 마을은 세계 최초의 책 마을로 발전하여 전 세계 애서가들을 유혹하는 명승지가 되었다. 헤이 마을의 서점은 전부 합해 대략 서른 곳, 어떤 서점은 양으로 승부하고 어떤 서점은 희귀본을 전문으로 하고 어떤 서점은 초저가로 손님을 끌었는데 결국 주제가 있는 서점이 살아남았다. 모든 직업군에는 그 분야의 문제적 기인이 있기 마련이다. 복싱계에 무하마드 알리가 있고, 화단에 살바토레 달리가 있고, 대중가요계에 마돈나가 있듯이 리차드 부스는 전 세계 서점업계에서 첫 번째로 꼽힐 기인이다.

부스는 1977년 4월 1일에 다시 한 번 세상을 놀라게 했다. 그는 헤이 · 온 · 와이를 독립왕국이라 선언하고 스스로 리차드 왕이 되었다. 만우절인 이날 부스는 독립선언서를 발표하고 자신이 아끼는 말을 수상으로 임명했다. 여권도 발행했는데 하나에 75펜스. 기사 작위는 2.5 파운드, 백작은 5 파운드, 공작은 25 파운드에 팔았다. 요즘도 작위와 여권을 사겠다고 돈을 부쳐오는 사람들이 있다고 한다. '독립선언'을 하던 날 방송국과 신문사 기자들이 몰려왔고 덕분에 헤이 · 온 · 와이의 지명도가 급격하게 올라갔다. 헤이 · 온 · 와이는 원래 수공업과 농업을 주로 하는 마을이었는데 부스의 책 마을 사업이 진행되면서 인구 1천 명 미만의 외진 농촌 마을이 관광지로 떠올랐고 더불어 50여 농가가 민박영업을 시작했다. 조용히 스러져가던 마을이 생기를 되찾았다.

내가 사랑하는 파주가 서울 사람들에게 침실(아파트)을 내주기 위해 산과 들을 허물지 않았으면 좋겠다. 파주에 헤이 · 온 · 와이 같은 책방 마을이 들어서고 그 마을이 역사적인 비무장지대와 연계되어 문화 · 생태 · 예술 마을로 넓혀지는 꿈을 꾸고 싶다. 논밭 가운데에 흉물스런 창고가 즐비한 '기업하기 좋은 파주'가 아니라……

리차드 부스는 4년 전에 파주 출판도시를 둘러보고 갔다.

— 2015년 4월 15일 연재

잊혀진 사람, 김훈

모택동의 군대(홍군)가 압도적인 장개석 군대의 포위 추격 작전에 쫓겨 2년 동안(1934년 10월~1936년 10월)도망 다니다 마침내 포위망을 뚫고 새로운 근거지 연안에 정착한 사건이 장정이다. 장정은 중화인민공화국의 통치이념과 조직이 갖추어지고 신생 국가 조직을 이끌게 될 인재들이 훈련된 과정이었으니 비유하자면 현대 중화인민공화국의 건국 신화라고 할 수 있다. 장정에는 '조선' 출신 청년들이 상당수 참가했다고 한다. 이들 가운데서 상당한 공적이 있으나 우리에게는 지금까지 잘 알려지지 않은 한 사람을 소개하고자 한다.

김훈(金勛, 1898년~1936년, 장정 당시에는 필사제畢士悌란 이름을 씀). 평안북도 출신으로 3.1운동에 참여했다가 일본 경찰의 체포령이 내려지자 중국 길림성 주하(珠河, 현재는 흑룡강성 상지尙志시)로 망명했다. 1921년 운남 강무당－청산리 전투에 참가했고 남한 정부 초대 국무총리를 지낸 이범석李範奭과

김훈

북한 정부의 초대 민족보위상 최용건崔庸建도 이 학교 출신이다－에 입학하여 1924년에 전교 수석으로 졸업했다. 1925년 11월에 국민혁명군 제4군 독립여단 제3대대장에 임명되어 정사교汀泗橋전투와 하승교賀勝橋 전투에 참가했다. 1927년 남창봉기에 참가했으나 봉기가 실패한 후 중국공산당의 지시에 따라 소련으로 가서 공부했다. 1930년 귀국한 후 동북지역에서 무장투쟁을 지휘하다가, 1932년 중앙소비에트구역으로 소환되어 홍1군단 참모장을 맡았다. 1934년 군사위원회 간부연대에 배속되어 장정을 시작했고 이듬해에는 간부연대 전위 중대를 이끌고 180여 리를 강행군하여 교평 나루를 탈취했다. 이 덕분에 홍군 주력은 금사강을 안전하게 건널 수 있었다. 금사강 도하는 홍군이 국민당 군대의 추격과 포위를 벗어나는데 결정적인 전투였다. 이 금사강 전투후 홍15군단 제75사단 참모장이 되었으나, 1936년 황하 도강작전에서 중상을 입고 2월 22일에 운명했다. 김훈과 비슷한 공적을 세우고 같은 계급에 있었

던 사람들은 중화인민공화국 수립 후 상장(한국 군대의 대장과 중상 사이의 계급)을 받았다. 장정에 참가했던 조선인은 최소한 30명이라고 한다.

그러나, 조선독립을 위해 홍군에 참여했던 장정 참여 조선인들은 중국의 역사에서도, 조선의 역사에서도 제대로 된 평가를 받지 못하고 있다. 이들이 일군 역사를 배우는 일은 잊혀진 이들을 되살리는 데서부터 시작되어야 할 것이다.

— 2015년 4월 29일 연재

마르코 폴로의 [동방견문록],
"지어낸 말이라고 고백하라"

몽고 기병이 처음으로 도나우 강변에 나타났을 때 유럽인들은 지옥의
모든 마귀가 뛰쳐나오고 대지는 어둠으로 뒤덮이는 세상의 종말이 왔다
고 생각했다. 몽고인Mongol이란 이름에서 그들은 '곡Gog과 마곡Magog'을
연상했다. 중세기에 기독교도들은 천당과 지옥이 모두 동방에 있고 세
상의 종말이 오면 '지옥에서 풀려난 사탄이 곡과 마곡을 불러내 전쟁을
일으킨다'고 믿었다(신약 〈요한계시록〉 제20장).

우리가 잘 아는 마르코 폴로의 [동방견문록]에서 폴로 일가가 텐둑
(Tenduc天德, 오늘날의 내몽고 툭투托克托)에 도착했을 때, 폴로는 그곳이
마귀 '곡과 마곡'이 있는 곳이라고 설명했다. 물론 이것은 무지와 지나

친 문자의 유희가 빚어낸 오해였다.

오해를 유발한 또 하나의 문자 유희는 타타르인이란 명칭이었다. 몽고제국이 확장하던 시기에 유럽에서는 몽고인과 그들을 따라온 초원 유목민족을 통 털어 '타타르'라고 불렀다. 라틴어에서 '지옥'은 타르타루스 Tartarus라고 쓴다. 몽고인이 바로 '곡이자 마곡'이니 그들은 지옥에서 솟아난 인종(타타르인Tartares)이라 본 것이다. 교황이 몽고인에 맞서 "마귀를 지옥으로 쫓아버릴" 성전을 벌이자고 호소한 것을 보면 당시 유럽인들이 몽고인에 대한 공포가 얼마나 컸던가를 알 수 있다. 기독교권의 군주들도 "타타르인이 감히 우리를 침범하려 한다면 그들이 원래 있던 지옥으로 쫓아 보내자"고 큰소리쳤다.

베네치아를 떠난 후 4년 만인 1275년 어느 여름날 쿠빌라이 칸의 궁전에 도착한 마르코 폴로는 "정교하고 위풍당당함에 찬탄을 금할 수 없다"고 썼다. [동방견문록]에 '곡과 마곡이 있는 곳'이라는 썼던 것과는 완전히 다른 의견이었다. 마르코 폴로의 무지와 문자 유희가 빚어낸 편견과 오해가 이토록 엄청난 것이었다.

마르코 폴로가 숨을 거둘 때 임종 고해성사를 위해 찾아온 신부는 [동방견문록]의 내용이 지어낸 말이라고 고백해야 천국에 갈 수 있다고 말했다. 폴로는 "내가 듣고 본 것의 절반도 말하지 못했다"고 답했다.

— 2015년 5월 13일 연재

한恨이냐? '붉은 악마'냐?

한국 문화를 압축하는 키워드로서 가장 흔히 쓰이는 표현이 '한의 문화'가 아닌가 싶다. 과연 그런가? 한, 슬픔, 애수, 비애, 눈물 이런 것이 문화의 정신적 핵심이 되는 민족이나 나라가 과연 있을까? 나는 이것이 식민지 시대에 우리 민족을 폄하하고 주눅 들게 만들기 위해 일본의 지식인과 학자들이 뒤집어씌운 정신적인 '멍에'라고 생각한다. 식민지 조선을 사랑하고 이해했다는 평을 듣는 일본인 야나기 무네요시의 『조선의 미술』이란 책에는 '애수 어린 미가 그들(조선인)의 친한 벗'이란 구절이 나온다. 더욱 유감스러운 것은 60년대와 70년대에 우리의 민속학을 일으켰다고 하는 한국 학자들의 저서에도 유사한 관점과 표현이 제시되고 있다는 점이다.

기원 3세기 당시의 동이족東夷族 여러 나라의 정치, 문화, 풍습을 비교적 소상히 알려주고 있는 중국 역사서 『삼국지』 위서魏書 동이전에는 부여에서는 '정월달에 하늘에 제사를 지낼 때 나라 가운데 사람들이 모여 며칠 동안 계속 먹고 마시고 노래 부르고 춤추는데 이를 영고迎鼓라고 부른다' 하였고, '고구려 백성은 노래 부르기와 춤추기를 좋아하여 모든 읍과 촌락에서 밤이 되면 많은 남녀가 모여 노래하며 즐겨 노는데 이를 동맹東盟이라 한다' 하였고, 마한에서는 '5월에 모종을 끝내고 귀신에게 제사지낸다. 많은 사람이 떼 지어 노래 부르고 춤추며 술 마시기를 밤낮을 쉬지 않는다' 하였다. 이것이 우리의 문화적 유전인자가 아닐까? '붉은 악마'는 이 유전 인자의 현대적 발흥이 아닐까?

술자리 모임을 비교해보면 일본인은 노래를 불러도 조용히 부르고, 중국인은 노래 부르는 경우가 흔치 않은 것 같다. 한국인은 마이크 잡으려 다투고 잡았으면 내려놓지 않는다. 돌아가며 빠짐없이 '노래 일 발장전'해야 하는 술자리 문화는 한국의 독특한 문화이다. 노래방 기계(카라오케)를 만든 나라는 일본이고 그것은 한·중·일 세 나라에 널리 퍼졌다. 그런데 노래방이란 독특한 산업을 발전시켰다는 면에서 보자면 한국은 유일하거나 최소한 으뜸인 나라가 아닌가 싶다.

한恨은 우리의 '문화'가 아니다. 그러므로 스스로 주눅 들지도 말고 우리 청소년들을 주눅 들게 만들지도 말자.

— 2015년 5월 27일 연재

17 이해와 오해

왕거미가 집을 짓고,
빨간 찔레꽃이 피고…노랫말 유감

거의 국민가요 수준으로 애창되는 노래의 가사가 엉터리 지식과 정보를 담고 있다면 어떻게 해야 할까? 가요의 중요한 역할은 정확한 지식 전달보다는 보편적인 감정의 표현이니까 꼬치꼬치 따지지 말고 그냥 넘어가야 하지 않을까? 그렇지만 그 오랜 세월동안 대중의 심금을 울려왔던 노래(의 잘못된 가사)가 어찌하여 고쳐지지 않고 그대로 불려왔을까? 중년 이상의 연령층에서는 누구나 알고 즐겨 부르는 노래 세 곡을 예로 들어보자.

첫째, '울고 넘는 박달재'. "천등산 박달재를 울고 넘는 우리 님아 / 물항라 저고리가 굿은비에 젖는구려 / 왕거미 집을 짓는 고개마다 구비마다 울었소 소리쳤소…". 이 노랫말에서 '왕거미'가 '집을 짓는' 일이 왜 등장해야 하는지를 알 수가 없다. 이 노래가 처음 발표되었을 노랫말은 '왕거미'가 아니라 '땅거미'였다. 땅거미라 해도 뜻이 통하지 않기는 마찬가지다. 땅거미는 거미가 아니라 해가 진 뒤 완전히 어두워지기 전까지의 어스름을 이르는 말이고 동사로 사용할 때는 "땅거미가 지다"라고 해야 한다. 노랫말 지은이는 해가 지는 박달재의 적막감을 강조하기 위해 '땅거미'의 이미지를 빌려오면서 동물 이름으로 오해한 탓이 아닌가 싶다.

둘째, '찔레꽃'. "찔레꽃 붉게 피는 남쪽나라 내 고향~". 찔레꽃은 흰색이 주류를 이루고 간혹 흰 바탕에 분홍색이 반점처럼 박여있는 찔레꽃도 있다. 그러나 붉은 찔레꽃은 없다. 노랫말 지은이는 찔레꽃을 본적이 없거나 본 적이 있다하더라도 대부분의 꽃이 붉으니까 노랫말을 지으면서는 별 생각 없이 붉게 핀다고 한 것 같다.

셋째, '짝사랑'. "아, 아 으악새 슬피우는 가을인가요~". 그러나 장담하건대 으악새는 절대로 슬피 울지 않는다. 왜냐하면 으악새는 새가 아니기 때문이다. 억새풀의 경기도 방언이 으악새다.

흘러간 옛 노래이니 노랫말의 '과학성'이나 '진실성'은 따지지 말고 그냥 분위기만 이해하고 넘어가자. 그리고 익숙한 노래를 가사가 틀렸다고 일부러 부르지 않을 도리는 없을 터이다. 그래도 뭐가 틀렸는지는 알고나 부르자.

— 2015년 6월 10일 연재

도굴의 내력

중국 위魏나라 문제文帝 조비曹丕는 황제로 등극한지 3년 만인 황초黃初 3년(서기 222년)부터 수양산首陽山 동쪽 자락에 자신의 무덤을 조성하기 시작했다. 그는 무덤을 소박하게 만들고 금은보화를 부장하지 말 것이며 질그릇만 사용하라는 엄명을 내렸다. 조비는 자손들이 "조상을 섬기는 마음에서 오히려 조상의 뜻을 어길까" 염려하여 자신의 명령을 어기면 땅속에 묻힌 뒤에도 찾아와 죽이겠다"는 조서를 종묘에 보관하고 사본 두 부를 만들어 대신들로 하여금 보관하게 하였다.

조비가 황제로서는 단출한 무덤을 고집했던 이유는 도굴을 염려했기 때문인데, 조서에서는 도굴범에 대해서는 한 마디도 비난의 말을 담지 않았다. 왜냐하면 그의 아버지 조조曹操가 역사에 큰 이름을 남긴 도굴범이었기 때문이다. 원소袁紹가 조조를 토벌하는 격문에서 여러 가지 죄상을 열거하였는데 그 중의 하나가 도굴행위였다.

양효왕梁孝王 유무劉武는 한(漢) 문제(文帝)의 둘째 아들이고 한 경제(景帝)의 동생이었다. 그의 무덤은 망탕산(芒碭山)에 조성되었고 규모가 거대했다. 조조가 군사를 이끌고 망탕산에 들어가 양효왕의 무덤을 파헤치고 금은보화 수만 근을 꺼내갔다. 조조처럼 군대를 동원해 도굴한 사람은 그 후에도 있었다. 오대(五代) 시대의 군벌 온도(溫韜)는 당(唐) 나라 황실의 여러 무덤을 도굴했다. 중화민국시대의 군벌 손전영(孫殿英)은 자희태후(慈禧太后, 우리에게는 서태후로 잘 알려져 있다)의 무덤을 열고 부장된 금은보화를 꺼내가 군자금으로 썼다. 그러나 그들이 군대를 동원한 것은 임시적인 방편이었을 뿐 조조처럼 발구중랑장發丘中郞將, 모금교위摸金校尉 같은 관직까지 설치하고 도굴 전문 부대를 운용하지는 않았다.

조비는 생전에 이렇게 말했다. "자고로 망하지 않은 나라가 없었고, 도굴되지 않은 무덤이 없었다." 불길한 느낌이 드는 예언이기는 하지만 그의 말은 역사적인 감각을 담고 있다고 하겠다. 진시황제秦始皇帝는 이런 도리를 모르고 스스로 "시황제"라 부르며 만대에 걸쳐 황위를 전할 수 있으리라 생각했지만 결국은 2세로 끝나버렸다.

— 2015년 6월 24일 연재

19 이해와 오해

나도 은근히 UFO가
기다려진다

외계인의 존재를 확신하는 내 친구가 있다. 그는 여러 차례 UFO를 목격했다고 하며 늘 UFO를 기다린다고 한다. 나는 그의 확신에 동조하지는 않지만 매우 모범적이며 건전한 삶을 살아온 친구이기 때문에 그를 존경한다. 그는 외계인이 '선량한 존재'라고 믿고 있는데, 그 논리가 꽤나 설득력이 있고 깨우침을 주는 바가 있기 때문에 함께 생각해보고자 이곳에 소개한다.

외계인의 출현은 두렵거나 놀라운 사건이 아니다. 그들에 대해서는 두 가지 확신에 가까운 가정을 할 수 있다. 1. 그들의 별은 지구와는 비교도 할 수 없는 고도의 문명을 이루고 있다. 그들은 지구에 접근해 마음 놓고 활동하는데 지구에 사는 우리는 그들이 어디서 왔는지조차 모른다. 그들은 광년 단위의 거리를 비행해 왔을 터인데 그렇다면 시간과 중력의 문제까지를 극복한, 고도로 문명화한 별에서 왔음이 분명하다.

2. 그 문명의 주체는 지구를 지배하고 있는 인류보다 훨씬 선량한 존재들이다. 선한 의지를 갖지 않은 존재들이라면 그런 고도의 문명까지 도달할 수 없었을 것이다. 고도의 기술문명이 파괴행위에 동원되지 않도록 통제하는 정신적 내적 능력이 없었다면 그 문명은 일지감치 붕괴되었을 것이기 때문이다.

현재 지구상에서 벌어지고 있는 인류의 사악한 행태들을 멈추게 하지 못한다면 지구는 어떻게 될까? 지금처럼 국가 간에 또는 개인 간에 분쟁하고, 파괴하고, 자연을 정복의 대상으로 생각하고, 자연은 멋대로 낭비한다면 우리의 지구 문명은 더 이상 고도화 할 수 없을 뿐 아니라 현재의 문명마저도 파멸에 이르게 될 것이다. UFO가 선한 세력이라면 그들이 수시로 지구를 관찰하는 일도 선한 동기에서 나왔을 것이다. UFO 연구자들은 그들이 3~4광년 떨어진 별에서 왔고, 그 별의 문명은 지구보다 적어도 1만년은 앞서 있을 것으로 추정한다. 그렇다면 그들이 더 자주 지구를 방문하여 그만한 문명에 이르기까지 그 별에서 얼마나 선한 생각들과 분별과 협동이 있었는지를 인간들에게 가르쳐 준다면 더 바랄 게 없겠다.

이제는 나도 은근히 UFO가 기다려진다.

— 2015년 7월 8일 연재

2천년이 지나도 비단은 여전히 뜨거운 화두

세레스Seres는 중국에 관해 서방인이 가장 먼저 알게 된 '지식'이었다. 세레스는 '비단의 나라'란 뜻으로서 비단을 생산하고 판매하는 동방의 어떤 나라를 가리켰다. 중국을 가리킬 수도 있고 비단 판매에 종사하는 중앙아시아의 어느 나라를 가리킬 수도 있었다. 어느 쪽이든, 서방이 가졌던 중국에 관한 첫 번째 인상에는 비단이라고 하는 신비한 직물이 포함되어 있었다. 고대 중국과 서방의 교류는 비단 교역으로 시작되었다. 서방 사람들이 중국의 존재를 인식할 때는 비단이 전제가 되었다. 서방 사람들은 비단을 세르게Serge라 불렀고 그 때문에 중국을 세리카Serica, 중국인을 세레스Seres라 불렀다. Ser는 중국어 사絲의 음역이고 ge는 접

미사이다. 기원 전 5세기 무렵에 중국의 비단이 파미르 고원을 넘어 인도와 페르시아에 전해졌고, 알렉산더 대왕의 동방 원정 이후로 다시 시리아 사람들의 손을 거쳐 유럽에 전해졌다.

비단을 처음 본 서방 사람들은 이 천의 원료가 무엇인지를 알 수 없어서 그들에게는 가장 익숙한 천의 원료인 양모에다 비유했다. 그리스 신화에 나오는 아르고 호의 영웅 이아손의 모험담 가운데 중요한 주제의 하나가 나무에서 자라는 황금 양모를 찾는 일이었다. 로마의 지리학자 스트라보BC58-AD21는 "세레스인은 아시아의 가장 먼 동쪽에 살고 있다. 혹독한 기후 때문에 그곳의 어떤 나무 가지에서는 양모가 자라며……사람들은 이 양모를 이용해 아름답고 섬세한 천을 짠다"고 기술했다. 그의 후배 지리학자 플리니우스AD23-79는 "세레스인은 양모가 자라는 나무 가지를 채취해 물에 담갔다가 빗질하여 양모를 떼내고 그것으로 비단을 만든다. 허영심 많은 로마의 부녀자들이 이 천으로 만든 투명한 옷을 입고 대중 앞에 나서기까지는 수많은 사람의 손을 거쳐 머나먼 거리를 운반해와야 한다"고 기술했다.

요즘 중국이 '21세기 바다의 비단길'을 만들자는 구호—帶—路를 내걸고 해양으로의 진출을 확대하자 미국과 일본이 앞장서 막으려는 과정에서 여러 형태의 충돌이 일어나고 있음을 본다. 비단의 원료가 나무에서 나는 양모가 아니라는 사실은 알게 되었지만 2천년이 지나서도 비단은 여전히 뜨거운 화두인 것 같다.

— 2015년 7월 8일 연재

하루살이의 내일

아침에 알에서 깨어난 하루살이에게 엄마가 말했습니다. "큰 곤충이나 새들이 있는 곳에는 가지마라, 하루살이 친구들하고만 어울려라, 멀리 가지마라, 그리고 떼를 지어서 다녀라."

무리지어 날고 있는 하루살이 곁을 잠자리 한 마리가 천천히 날아갔습니다. 모두가 무서워 피했지만 호기심이 무지하게 많은 하루살이 한 마리는 잠자리가 나는 모양을 지켜보았습니다. 잠자리는 자신과 모양은 비슷했지만 몸통이 엄청나게 컸습니다. 호기심이 많은 하루살이는 무리에서 떨어져 나와 잠자리에게 다가가 소리쳤습니다. "애야, 우리 같이 놀자."

잠자리는 하루살이를 보고 깜작 놀랐습니다. 모양은 자신과 비슷한데 몸통이 너무나 작았기 때문입니다. 잠자리는 호기심 많은 하루살이와 함께 놀기로 했습니다.

무리에서 떨어져 나온 하루살이는 힘겹기는 했지만 열심히 잠자리를 따라다녔습니다. 하루살이 친구들과 놀 때는 생각지도 못했던 높은 곳까지도 잠자리를 따라 날아올랐습니다. 그곳에서 하늘을 보고 구름도 보았습니다. 잠자리는 세상에 관해 아는 것이 많았습니다. 물과 풀, 꽃과 나무, 새와 사람이 어떤 것인지 하루살이에게 가르쳐주었습니다. 하루살이는 세상에 얼마나 많은 생명이 있는지, 세상이 얼마나 넓은 곳인지 도저히 짐작할 수가 없었습니다.

그렇게 정신없이 노는 사이에 해거름이 되었습니다. 헤어질 때 잠자리가 하루살이에게 말했습니다. "얘야, 우리 내일 또 만나서 함께 놀자."

헤어져 돌아오는 길에 하루살이는 깊은 고민에 빠졌습니다. 잠자리가 말한 '내일'이 뭔지를 알 수가 없었습니다. 집으로 돌아와 하루살이는 친구들에게 물었습니다. "애들아, 내일이 뭔지 누가 알고 있니?" 아무도 대답하지 못했고 모두가 함께 내일이 뭔지 고민하기 시작했습니다. 하루살이들은 결국 답을 알지 못한 채로 죽어갔습니다. 그리고 다음날 아침에 수많은 새로운 하루살이들이 알에서 깨어났습니다.

(사족: 실제로는 하루살이 애벌레는 민물에서 1년을 산다. 성충은 일주일이나 2주일 정도까지 산다. 잠자리와 하루살이는 같은 하루살이 목[目]에 속한다.)

— 2015년 8월 12일 연재

이것은 동화일까?

동화의 사전적 정의는 '어린이를 위하여 동심童心을 바탕으로 지은 이야기, 또는 그런 문예 작품. 대체로 공상적 · 서정적 · 교훈적인 내용'이다.

모르는 사람이 없는 안데르센의 동화 『성냥팔이 소녀』를 보자. '섣달 그믐날 밤, 한 굶주린 성냥팔이 소녀가 추운 거리를 걷고 있다. 성냥을 팔지 못하면 집에 돌아갈 수도 없는 소녀는 언 손을 녹이기 위해 성냥 한 개비를 긋는다. 밝게 빛나는 불꽃 속에서 환상이 소녀 앞에 차례로 나타난다. 몸을 녹일 수 있는 큰 난로, 따뜻한 음식이 차려진 식탁, 그리고 예쁜 크리스마스 트리……크리스마스의 트리에 켜진 촛불은 하늘로 올라가 밝은 별이 된다. 그 불빛 속에 할머니가 나타나자 소녀는 자신도 그곳으로 데려가 달라고 부탁한다. 소녀는 할머니를 계속 머물러 있게 하기 위해 남은 성냥을 몽땅 써버린다. 소녀는 할머니에게 안긴 채 하늘 높이 올라간다. 날이 밝자 어느 집 굴뚝 곁에 미소를 띤 채 얼어 죽은 소녀의 시체가 있었다.' 어린이든 어른이든 이 얘기에서 서정과 교훈을 발견할 수 있을까? 아니다. 우리가 보는 것은 지독한 가난, 생존의 기본 조건인 한 겨울의 따뜻한 난로와 음식을 환상 속에서나 볼 수밖에 없는 출구가 없는 가난, 아이가 얼어 죽어가도 아무도 도움의 손길을 내밀지 않는 형편없는 구제 시스템이다.

『인어공주』는 어떤가? '짝사랑하는 왕자를 만나기 위해 두 다리를 얻는 대신 마녀에게 목소리를 팔았던 아리따운 인어는 결국 바다에 뛰어들어 목숨을 끊게 된다.' 우리는 여기서 어떤 교훈을 얻을 수 있을까? 신분의 차이를 극복하고 사랑을 이루려면 목숨을 버려야 할 만큼 전통과 관습의 벽은 강고하다. 아무리 목소리가(마음이) 아름다워도 외모(두 다리)가 미끈하지 않으면 여자는 남자의 눈길을 끌 수 없다.

우리 주변에 더는 성냥팔이 소녀와 인어공주는 없는가? 아이들의 눈으로부터 절망과 분노와 슬픔의 현실을 동화라는 이름으로 계속 가려야 할까?

작가 한스 크리스챤 안데르센은 지독하게 가난한 소년기를 보냈고 평생 결혼하지 않았다. 아마도 그는 성냥팔이 소녀와 인어공주를 두고 결혼 할 수 없었을 것이다.

— 2015년 8월 26일 연재

중국의 "전 국민 독서운동 全民閱讀"

중국공산당 총서기 시진핑은 2015년 신년사에서 다음과 같이 말했다. "빈곤층을 부양하고 기본생활을 보장하는 일에 특별한 노력을 쏟아야 한다. 농촌인구, 도시빈곤층 등 도움이 필요한 사람들에게 생활을 보장하고 정신적인 충만감을 느끼게 해주어야 한다." 중요 매체들이 이를 두고 "민생정책은 민중의 행복과 안녕은 의식주의 해결만이 아니라 백성의 마음을 충실하게 채우고 정신적 포만감을 느끼게 해주는 문화정책"이라는 해설을 달았다.

1995년 UNESCO가 "세계 어느 곳에 있든 누구든 책을 읽을 수 있게 하자"는 표어를 내걸고 매년 4월23일을 "세계 책의 날"로 정했다. 2006

년, 중국정부의 국가신문출판총서總署가 "전 국민 독서운동(전민열독全民閱讀)"을 제안했다. 2012년 11월, 중국공산당 전당대회가 "전 국민 독서운동을 전개한다"고 선언했다.

중국에서 벌어지고 있는 각종 독서 캠페인 가운데서 특히 의미 있다고 생각되는 사례의 하나가 "늘 문이 열려있고門常開, 늘 책 읽는 사람이 있고人常在, 늘 새로운 책이 비치된書常新" 농촌도서관(농가서옥農家書屋)을 전국 60여만 행정촌村에 만든다는 프로젝트이다. 또 하나의 인상 깊은 사례는 소외된 계층을 상대로 한 독서지원 활동이다. 잘 알려져 있듯이 중국은 농민공(農民工, 도시로 몰려온 농민노동자)과 유수아동(留守兒童, 부모의 도시취업으로 농촌에 혼자 남겨진 아동)이 심각한 사회문제인데 이들을 대상으로 한 독서지원 운동이 펼쳐졌다. 2014년 한 해 동안에 3천 여 차례에 걸쳐 200만권의 도서가 전국 31개 성 3,800여 학교의 360여만 명 학생에게 전달되었다. 우리가 경험한 바에 따르면 정부주도의 캠페인은 떠들썩하기만 하고 내실이 없는 경우가 많지만 UNESCO가 2013년에 중국의 션쩐(심천深圳)시를 "전 세계 독서운동 모범도시"로 선정했다.

지난해부터 중국의 웬만한 도시의 서점은 대부분이 24시간 문을 열고 있고, 서점 안에는 마음 놓고(책을 사지 않아도) 책을 읽을 수 있는 공간과 시설이 마련되어 있고, 주말이면 서점이 시장바닥처럼 붐빈다.

현임 대통령의 중요한 공약 정책이 "문화융성"이다. 중국의 서점을 가보고 우리 서점을 가보면 먹고 살만큼 됐다고 해서, 돈 좀 있다고 문화가 융성해지는 것은 아닌 것 같다는 생각이 든다.

— 2015년 9월 9일 연재

24 이해와 오해

'갑'일 때, '을'일 때

2차대전 시기의 일본군 위안부 강제동원 문제는 요즘 우리사회의 주요 화두이다. 일본 정부의 공식 입장은 민간에서 사업으로 벌인 일이라 정부는 책임이 없다는 것이다.

J. W. Dower(MIT 명예교수)가 쓴 Embracing Defeat(1999년 출간)은 다음과 같이 기록하고 있다. "일본 천황의 항복 방송이 나가자말자 '적군은 일단 상륙하면 부녀자들을 남김없이 능욕할 것'이란 소문이 들불처럼 번져나갔다. 내무성 정보과는 이 소문이 일본 자신의 군대가 점령지에서 벌인 행동과 관련되어 있음을 금방 알아차렸다." 그리하여 '종전終戰'(일본 스스로는 항복이나 패전이라 부르지 않고 종전이라고 한다) 후

겨우 3일 만에 일본정부는 미국 점령군을 위한 'R. A. A'(Recreation and Amusement Association, '특수위안시설협회')를 창설하는 작업을 시작했다. 이 단체의 설립목적은 '일본 양가 부녀자의 정조를 지키기' 위한 '방파제'를 만드는 것이었다. 내무성이 앞장서고 외무성, 대장성, 경시청, 동경도청 등의 정부기관이 이 프로젝트의 수행에 참여했으며 권업勸業은행이 협회에 3천만 엔의 자금을 긴급 융자해주었다. 은행에 융자를 지시했던 대장성의 엘리트 관료 이케타 하야토池田勇人는 이렇게 말했다. "일본여자의 정조를 지키는데 1억 엔이라고 해도 비싸다고 할 수는 없다." 이 사람은 훗날 수상의 자리에 올랐다.

협회는 발족하고 나서 10일 이내에 1,360명의 '여성사무원'을 모집했는데 그들의 나이는 18세에서 25세 사이였다. 이런 '특수위안 시설'이 동경 시내에서 빠른 속도로 늘어났는데 어떤 통계에 따르면 33곳이나 되었다고 한다. 그 밖에 20여 곳의 도시에서도 '특수위안 시설'이 비온 뒤 죽순처럼 생겨났다. 이상할 것도 없는 일이지만 이런 시설들은 미국 병사들로부터 환영을 받았다. 'R. A. A'는 정부의 전폭적인 지원을 받아 빠르게 발전했지만 몇 달이 못가 점령군(미군) 당국에 의해 폐지되었다. 표면적인 이유는 '비민주적이고 여성의 인권을 침해하는' '공영' 매춘업을 금지한다는 것이었지만 내면의 실질적인 이유는 '점령군 내부에 성병 환자가 급격히 늘어났기' 때문이었다. 성병 치료라는 긴급 수요에 대응하기 위해 미군 당국은 1946년 4월에 페니실린 제조 특허기술을 일본제약공사에 매각하는 것을 허가했다.

위에 소개한 사례는 일본이 '을'(피점령국)이 되었을 때 발 빠르게 벌인 일이다. 그렇다면 일본 군대가 '갑'(점령군)이었을 때 일본 정부는 어떻게 했을 것 같은가?

— 2015년 9월 23일 연재

자기瓷器이야기

유럽에 자기의 존재를 알린 사람은 마르코 폴로(1254?-1324)였다. 당시 유럽에는 자기가 없었기 때문에 폴로는 자기를 소개할 때 진주질珍珠質을 일컫는 porcella란 단어를 사용했다. 그래서 유럽 사람들은 오래 동안 진주조개 껍질로 자기를 만드는 줄 알았다.

1610년에 네덜란드 동인도회사가 첫 번째 차 상자를 암스테르담 항구에 내려놓은 뒤로 차는 유럽 상류사회의 값비싼 사치품이었다. 유럽에서 차나무가 자라지 않듯이 유럽의 유리 공방은 자기를 만들 줄 몰랐다. 동인도회사의 상선이 중국의 광주廣州, 경덕진景德鎮, 남경南京에서 중국 자기를 사들여 유럽으로 가져왔다. 자기는 왕궁과 제후의 저택에 진열되었고 국가 간의 예물이자 공주가 결혼 할 때 혼수품이었다.

작센의 제후 '힘센 아우구스투스Augustus the Strong'는 셀 수 없이 많은 자기 소장품과 최소한 350 명의 사생아를 남겨놓고 죽은 인물이다. 18세기 초에는 순백색의 자기를 구워내는 것이나 보통의 금속을 녹여 번쩍이는 황금을 만드는 것이나 둘 다 불가사의하기는 마찬가지였다. '힘센 아우구스투스'는 저명한 연금술사 보트게르J. F. Bottger를 초빙해서 금이든 자기든 구워달라고 부탁했다. 보트게르는 못 쓰는 구리 조각과 녹슨 쇠 더미를 쌓아놓고 몇 달 동안 그럴듯하게 구워댔으나 사태가 마음같지 않자 달아날 준비를 했다. 국왕의 병사들이 그를 붙잡아 감옥에 넣었다. 그가 작센의 감옥에서 얼마 동안 머물렀는지, 어떻게 반성했는지는 알 수가 없다. 어쨌든 그는 감옥에서 나오면서 마지막 기회를 잡아 연금술사에서 도자기 장인으로 변신했다. 1708년, 그는 마침내 유럽 최초의 광택이 없는 순백색 경질 자기를 만들어냈다. 1710년, '힘센 아우구스투스'는 마이센에 왕립 도자기공장을 세웠다. 1719년, 작센 왕립 도자기공장의 장인 두 사람—훙거C. K. Hunger, 슈톨첼(S. Stolzel—이 비엔나로 달아났고 그곳에도 오스트리아 첫 번째의 도자기 공장이 등장했다. 다음 해에 훙거는 다시 베네치아로 달아나 그곳에 도자기 공장을 세웠다. 그는 유럽 도자기 기술의 사도였다. 1737년, 그는 이번에는 코펜하겐으로 달아났고 덴마크 왕립 도자기 공장이 세워졌다. 1743년에는 페테르부르크가 그를 맞아들였다. 코펜하겐과 페테르부르크에서 그의 활약은 별로 성공적이지 못했는데 그 자신의 기술 때문이 아니라 현지의 흙이 문제였다.

독일의 마이센은 유럽 도자기 예술의 성지가 되었다.

— 2015년 10월 7일 연재

역사에 이름을 남기는 방법

돈황敦煌은 고대 실크로드의 요충지였고 널리 알려진 막고굴莫高窟은 돈황현 동남쪽 25킬로미터 지점에 자리 잡고 있다. 막고굴은 절벽 면에 뚫은 490개의 동굴로 이루어진 불교사원이다. 그런 동굴 가운데 하나가 장경동藏經洞이다. 장경동의 입구는 대략 9~10세기경에 봉쇄되었다가 20세기 초에 왕원록王圓籙이란 떠돌이 도교 도사가 발견했다.

학식이 얕은 왕원록의 꿈은 언젠가 그곳에 도교 사원을 짓는 것이었다. 1900년 6월 22일, 왕 도사는 일꾼을 고용하여 버려진 불교 석굴사원을 정리하다가 당나라 시대의 불경 수만 권과 옛날 물건으로 가득 찬 장경동을 발견했다.

돈황을 찾아온 첫 번째 외국인은 영국인 탐험가 오렐 스타인이었다. 그는 인도 총독부의 지원을 받아 1907년 초에 돈황에 도착했다. 그는 왕 도사에게 약간의 시주를 하고 온갖 속임수를 부려 도합 9천 점의 두루마리 경전과 5백 장의 그림을 손에 넣었다. 1914년에 다시 막고굴을 찾은 그는 첫 번째와 같은 방법으로 6백여 권의 불경을 건네받았다.

1908년 2월, 두 번째로 돈황을 찾아온 서양인인 프랑스의 폴 펠리오는 중국학을 전공한 젊은 학자였고 왕도사가 그를 맞았다. 펠리오는

왼쪽부터. 통역. 왕원록. 스타인

스타인과 꼭 같은 방식으로 왕도사로부터 6천여 점의 불경과 고문헌을 손에 넣었다. 우리가 잘 알고 있는 혜초 慧超의 『왕오천축국전往五天竺國傳』이 이때 펠리오의 손에 들어가 지금까지 파리 국립도서관에 보관되어 있다.

세 번째 인물은 일본의 승려 오타니 고즈이가 보낸 탐험가들이었다. 그들은 1902~1914년 사이에 중국 서북 지역을 세 차례 탐사하면서 왕 도사로부터 중국어와 티베트어 필사본 경전 500여 점을 사들였다.

1914~1915년에 러시아인 불교 예술사가 세르게이 올덴부르크가 돈황을

찾아왔다. 그는 왕도사로부터 약 200개의 두루마리 경전을 사갔다.

하버드대학 포그박물관의 큐레이터 랭던 워너가 1924년에 돈황에 도착했을 때 그를 영접한 인물도 역시 문제의 왕 도사였다. 이 무렵 왕 도사 수중에는 남아있는 두루마리가 없었다. 워너는 인사치레로 왕 도사에게 얼마간의 돈을 주었고 왕 도사는 워너가 벽화를 뜯어가는 것을 모른 척 해주었다. 반세기가 넘게 흐른 뒤에 워너는 영화 "인디아나 존스"의 모델이 된다.

위대한 인물만이 아니라 왕 도사 같은 어리석은 인물도 역사에 길이 이름을 남길 수 있다.

— 2015년 10월 21일 연재

'유엔탕'과 부대찌개와 스팸

중국이나 홍콩을 여행하다보면 현지 한국음식점의 식단에 부대찌개가 올라와 있고 한국을 다녀온 유학생이나 관광객들 중에서도 부대찌개를 한국의 대표 음식으로 기억하는 사람들이 많다.

한국전쟁 시기를 주제로 한 안정효의 소설 '은마는 오지 않는다'와 박완서의 소설 '공항에서 만난 사람'에는 '꿀꿀이 죽'을 만들어 먹는 모습이 묘사되어 있다. 미군부대에서 나온 음식쓰레기에서 고기, 치즈, 닭 뼈 등을 골라내어 한 솥에 넣고 끓여 낸 것이 그것이다. 다른 이름으로는 '유엔탕'이라고도 불렀다. 이것이 부대찌개의 원형이라 할 수 있다.

한국전쟁 때에 부산으로 몰려든 피난민들에게 꿀꿀이죽은 훌륭한 끼

니이자 중요한 단백질공급원이었다. 이 시기에 부산의 국제시장과 부평시장 일대에 '도떼기시장'이 들어서면서 꿀꿀이죽을 만들어 파는 상가가 형성되었다. 지금은 '부평시장 죽골목'이란 이름만 남아있고 죽과는 관련 없는 가게들이 주류를 이루고 있다.

한국전쟁이 끝났다. 미군기지 주위에 기지촌이 형성되고 미군부대에서 흘러나오는 술, 약품, 화장품, 식품 등을 중심으로 지하 경제권이 형성되었다. 이때 통조림 햄과 소시지가 시장으로 흘러들었다. 사람들은 고기 맛이 나지만 고기 모양이 아닌 이 새로운 식품을 '부대고기'라고 불렀다. 모양도 기이했지만 육류 섭취의 기회가 많지 않던 그 시기에 부대고기의 인기는 높았다. 이제는 미군부대 음식물쓰레기가 아닌 통조림 햄과 소시지를 이용해 찌개를 만들기 시작했다. 미군이 많이 주둔하던 의정부 지역에서 처음 시작되었기에 '의정부 부대찌개'라 불렸고 조금 장난스럽게는 '존슨탕'이라고도 불렀다. 부대찌개는 이렇게 우리 생활 속에 당당한 식단으로 자리를 잡았다.

스팸SPAM은 살기 어려웠던 시절에 부대찌개와 함께 미군부대를 통해 한국 시장에 알려진 탓에 상당히 고급스러운 식품으로 인식되었

꿀꿀이 죽을 먹고사는 동네를 취재한 기사.
1964년 5월 20일. 경향신문

지만 원래는 미군의 전투식량이었고 2차 대전 때에 미군의 진주와 함께 아시아지역에 들어왔다. 지금 미국 이외의 지역에서 스팸이 가장 많이 팔리는 나라는 한국이라고 한다. 스팸이 명절 특별 선물로 포장되어 팔리는 나라는 한국뿐이다. 스팸은 미국 호멜식품회사Hormel Foods의 상표이고 한국에서는 어느 재벌기업 식품회사가 상표사용료를 내고 생산 공급하고 있다.

음식은 그 자체로 훌륭한 역사기록이다.

— 2015년 11월 4일 연재

28 이해와 오해

해적 (여)두목 얘기

조니 뎁이 멋진 연기를 보여준 해적 영화 '카리비안의 해적' 시리즈 3편('세상의 끝에서')에는 전 세계의 해적들이 모여 해적 왕을 뽑는 장면이 나온다. 여기서 동남아 해적의 두목으로 '칭'이란 이름의 여선장이 등장하는데, '칭'의 실존 모델이 되는 인물이 정일수鄭一嫂이다.

정일수의 본명은 석향고石香姑, 소녀 시절에는 배 위에서 몸을 파는 기녀였다가 후에 남중국해의 유명한 해적 정일鄭一에게 시집갔다. 정일은 광동 연해지역에서 해적 연맹체인 홍기방紅旗幇을 세웠다. 정일수는 남편을 도와 연맹의 일을 처리하는데 뛰어난 지략을 발휘했고 무술도 익혀 실력이 보통을 넘는, 해적 사회에서 문무를 겸한 인재였다. 어느 해

에 정일이 태풍을 만나 바다에서 죽자 그의 양자 장보자張保仔가 뒤를 이었다. 이때 그의 나이는 21살이었고 정일수보다 11살 아래였다. 두 사람의 관계는 겉으로는 양모와 양자였으나 실제로는 부부관계로 나아갔다.

19세기 유럽 신문에 실린 정일수 초상

홍기방은 전성기에 대형 선박 8백여 척과 소형 선박 1천여 척을 거느렸고 해적 무리의 숫자가 10만을 넘어 당시(19세기 초)에 세계에서 가장 규모가 큰 해적집단이었다. 보유 선박과 해적 인력의 규모로 볼 때 단순히 약탈에만 의존하는 오합지졸이 아니라 상당한 수준의 자치 능력을 갖춘 집단이었다. 홍기방은 관부의 운송선과 서양 상선을 주로 약탈하였고 중국 민간선박으로부터는 '보호비'를 걷었다. 강력한 무력을 갖춘 영국 동인도회사의 함대도 홍기방에게 약탈당하거나 홍기방을 피해서 다닐 정도였다. 내부 규율도 엄격해서 전리품을 숨기는 자, 여자 인질을 강간하는 자, 명령을 위반하는 자는 목을 벴다.

청 왕조 정부는 홍기방을 소탕하기 위해 은화 8만 냥을 주고 영국과 포르투갈해군 병력을 불러들여 공격했고 한편으로는 관직을 미끼로 선무공작도 폈다. 결국 장보자는 귀순하고 종2품의 무관직을 받아들여 팽호도 일대를 지키는 장군이 되었다가 1822년에 36살의 나이로 죽었고 정일수는 마카오에 정착하여 천수를 누리고 죽었다. 정일수는 마카오에서 도박장을 열어 큰돈을 모았다. 직업적 연분으로 말하자면 그는 마카오 도박 산업의 창시자라 할 수 있다.

지금까지도 남부 중국 해안 지역에는 장보자와 정일수가 보물을 숨겨 둔 동굴이 어딘가에 있다는 전설이 내려오고 있다.

(사족: '정일수'란 정일의 '아내'를 높여 부르는 경칭이다)

— 2015년 11월 18일 연재

불교의 시간체계

시간에 관해서 불교만큼 방대하고도 정교한 개념체계를 갖춘 종교가 없을 듯하다. 하루 이내의 짧은 시간을 보면 찰나(刹那, 산스크리트어로 ksama)는 1/75초, 탄찰나(坦刹那, tatksama)는 1.6초, 납박(臘縛, lava)은 96초, 모호율다(牟呼栗多, murhutar)는 48분, 시(時, kala)는 4시간, 주야晝夜는 24시간 하루를 가리킨다.

긴 시간의 단위는 겁(劫, Kalpa)이다. 1겁(또는 소겁小劫)은 인간이 10세가 되었을 때를 기점으로 하여 100년이 지날 때마다 1세를 추가하고, 이런 계산법으로 8만4천세에 이르면 다시 100년이 지날 때마다 1세를 감소시켜서 기점으로 되돌아오기까지의 시간이니 계산하면 1,680

만년이다. 중겁(中劫, antara-kalpa)은 20소겁이다. 인간이 사는 지구는 4단계를 거치며 윤회한다. 첫 번째 단계가 성겁(成劫, 지구는 액체와 기체로 가득하다), 두 번째가 주겁(住劫, 인류가 생존하는 시기), 세 번째가 괴겁(壞劫, 극렬한 파괴의 시기), 네 번째가 공겁(空劫, 아무것도 없는 시기)인데 이 과정을 되풀이한다. 각 단계의 시간적 길이는 중겁이다. 대겁(대겁, mahakalpa)은 4중겁이다. 또 대겁보다 더 긴 시간으로는 아승지겁阿僧祇劫, 무량겁無量劫, 진겁塵劫이 있다.

불교에서는 우주가 삼계(三界: 욕계慾界, 색계色界, 무색계無色界)로 이루어졌다고 본다. 욕계는 욕망이 창궐하는 세계요, 색계란 욕망은 떠났지만 육체가 남아 있는 세계며, 무색계란 육체마저 초월한 정신의 세계다. 천신들이 사는 세계를 욕계육천欲界六天이라 한다. 사천왕천四天王天의 하루는 인간세계의 50년, 도리천忉利天의 하루는 인간세계의 100년, 야마천夜摩天의 하루는 인간세계의 200년, 도솔천兜率天의 하루는 인간세계의 400년, 화락천化樂天의 하루는 인간세계의 800년, 타화자재천他化自在天의 하루는 인간세계의 1,600년이다.

사바娑婆세계의 1겁은 극락極樂세계의 하루이고, 극락세계의 1겁은 가사당袈裟幢세계의 하루이다. 또 그 위에 불퇴전음성륜不退轉音聲輪, 이구세계離垢世界……등이 있다.

의학의 발달 덕분에 요즘은 인간수명 백세가 기본이라고 한다. 이것도 겁, 욕계육천, 극락과 가사당세계의 시간에 비한다면 찰나에 불과한 것 아닌가? 인생이 찰나와 같기 때문에 우리는 더 열심히, 더 의미 있게 살아야하지 않을까?

— 2015년 12월 2일 연재

오 마이 달링 클레멘타인

아메리칸 포크 송 가운데서 한 때 우리 중등학교 음악 교과서에까지 실려 널리 알려진 곡이 '오 마이 달링 클레멘타인'이다. 이 노래가 불리기 시작한 것은 1863년과 1884년부터라는 두 가지 설이 있지만 미국의 '국민가요'의 반열에 들어가게 된 데는 1941년에 빙 크로스비란 포크 가수가 이 노래를 불러 빌보드차트 20위에 올리면서부터였다.

1848년에 미국 캘리포니아에서 금이 발견되었다. 수많은 사람들이 금을 찾아 캘리포니아로 몰려갔다. 서부로 몰려가는 마차 행렬과 원주민 인디언과의 충돌, 인디언을 야만적으로 몰아내는 서부극의 플롯은 우리에게 너무도 익숙하다. 1849년 한 해 동안에 금을 찾아 캘리포

49ers

니아로 몰려간 인구가 약 30만 명이라고 하고 이들을 일컫는 명칭이 forty-niners(49년에 몰려간 사람들)였다. 이 때 광부들의 생활을 묘사한 노래가 '오 마이 달링 클레멘타인'이다. '산 속 광산에 금을 캐는 광부가 살았다네, 그는 포티나이너이고 클레멘타인이란 딸 하나가 있었다네. 내 사랑 클레멘타인 너는 어디로 갔느냐?'. 원 가사의 2절에서는 클레멘타인의 못생긴 외모를 조롱하는데 1840년대에는 이런 뒤집기식 풍자 노래가 유행했다고 한다. 그런데 이 노래는 우리나라에 소개되면서 가사의 내용이 전혀 엉뚱하게 바뀐다. '넓은 바닷가 외딴 오막살이에 고기 잡는 늙은 어부가 클레멘타인이란 어린 딸 하나를 데리고 살았다네…' 아마도 가사를 번안한 작가가 포티나이너를 이해하지 못했거나 그 역사 배경을 전달할 적절한 표현 방식을 찾지 못했던 탓이었을 것이다. 그러다 보니 이 노래는 우리에게는 집나간 어린 딸을 애절하게 그리는 늙은 홀아비 어부의 노래가 되어 버렸다.

노래 가사의 내용이 외곡된 것도 문제지만 더 큰 문제는 우리는 미국 서부개척사의 어두운 면을 거의 모른다는 점이다. 캘리포니아는 1850년에 미국의 한 주로 연방에 가입했고 1869년에는 미대륙 횡단 철도가 완성되었다. 초대 캘리포니아 주지사 피터 베넷은 인디언에게 주어진 선택은 멸종과 이주 가운데 하나뿐이라고 선언했다. 한 때 70만 명으로 추산되던 캘리포니아지역 인디언 인구가 1845년에 이미 15만으로 줄었고 1890년에는 겨우 2만 명만 남았다. 캘리포니아 주정부는 인디언의 머리껍질을 현상금을 주고 사들였다. 이것이 아름다운 클레멘타인이 살던 시대의 한 면이었다.

— 2015년 12월 16일 연재

재미있는 복수

세계에서 가장 오래된 은본위제의 역사를 가진 중국은 예부터 은괴의 장거리 운반이 교역의 중요한 과제였다. 당 나라 때에는 "비전飛錢," 송 나라 때는 "비표飛票"라고 부르는 일종의 수표가 통용되었으나 전국적으로 통용되지는 않았다. 이런 까닭에 상인들을 위해 전문적으로 은괴를 호송해주는 무장단체인 표국鏢局이 등장하게 되었다. 표국의 활약상은 지금까지도 중국 무협영화의 중요한 소재가 되고 있다.

청나라 초기에 들어와서 중국 산서山西 상인들이 표효票號라고 하는 금융업을 창시했다. 표호에 찾아가 일정한 수수료를 주고 은괴를 맡기면 증표를 발행해주었다. 이 증표를 가지고 전국 어느 곳이든 표호의 분점을 찾아가 제시하면 맡긴 만큼의 은괴를 내주었다. 이후 표호는 예금과 대출업무까지 취급하며 근대적인 금융업으로 발전할 수 있는 영업구조를 갖추었으나 아편전쟁 이후로 서구 열강의 경제침탈이 심화되면서 쇠퇴하고 만다.

최초의 표호는 건륭乾隆 연간에 문을 연 일승창日昇昌 표호였다. 최초로 표호 사업의 아이디어를 냈고 일승창의 지배인이 된 인물이 뇌이태雷履泰이다. 뇌이태는 일승창을 크게 번성 시켰는데 그에게는 한 직장 안에서 치열하게 경쟁하는 모홍익毛鴻翙이란 동료가 있었다. 후에 모홍익은 울성창蔚盛昌이란 포목점에 스카웃 되어가서 이 점포를 표호로 변모시키고 일승창과 겨룰 수 있을 정도로 키워냈다. 두 표호의 번성을 본받아 도합 22개의 표호가 문을 열었고 이들의 지점 400여 곳이 전국에 걸친 광범위한—서쪽으로는 지금의 우루무치까지, 남쪽으로는 지금의 홍콩까지, 북으로는 한때 모스크바에 이르는—금융망을 구축했다.

일승창과 울성창의 본점은 같은 거리에 나란히 붙어있었다. 두 표호의 지배인인 뇌이태와 모홍익은 죽을 때까지 악연을 이어가며 경쟁했다. 뇌이태는 자기 손자의 이름을 홍익이라 지었고 모홍익은 자기 손자의 이름을 이태라고 지었다. 서로 상대에게 '너는 내 손자뻘 밖에 안된다'는 메시지를 던지고자 했던 것이다. 동업계 사람들은 두 사람이 각자 손자를 안고가다 점포가 있는 길거리에서 마주치면 손자들의 엉덩이를 때리면서 상대의 이름을 불러 욕하는 장면을 자주 목격했다고 한다.

— 2016년 1월 6일 연재

헤어지기의 풍습

최근 국내에서 몇 손가락 안에 꼽히는 재벌기업의 비교적 젊은 총수가 부인과 이혼하겠다는 뜻을 담은 개인 편지를 언론사에 보낸 일이 화제가 되었다. 그는 혼외의 관계를 통해 낳은 자식들이 있으며 부인과는 10여 년 동안 불화해왔다고 밝혔고 부인은 가정과 자식을 지키기 위해 이혼할 생각이 없다는 반응을 보였다고 한다. 그 총수는 지난 10여 년 동안에 두 번이나 기업경영과 관련된 범법행위로 징역형을 살았고 특사로 풀려났다. 참 꼴사납다. 무슨 자랑이라고 부인이 안하겠다는 이혼을 하겠다고 언론에다 편지를 보내어 광고하는지……헤어져도 좀 멋지게 헤어질 수는 없나?

조선시대의 여성들은 '칠거지악'이라 하여 언제든지 일방적으로 이혼당할 수 있는 약자의 입장에 있었던 것으로 알려져 있으나 실제로는 이혼이 거의 허락되지 않았다. 여성의 정절이 국가 통치이데올로기의 한 축이었던 조선사회에서 재혼은 금기였고 재혼이 어려운 사회제도 안에서 이혼녀가 양산된다면 큰 사회문제가 될 것이므로 국가는 최대한 이혼을 억제했다. 그래서 칠거지악 가운데서 음란과 (시부모에 대한) 불효 이외에는 이혼의 사유로 받아들여진 경우가 거의 없었다. 이혼이 어렵다 보니 대체(?) 수단으로 등장한 것이 소박이었다.

이런 양상은 양반층에서나 나타났고 서민의 경우는 비교적 이혼이 쉬웠다. 사정파의事情罷議라는 이혼 방식이 있었다. 부득이한 사유가 있을 때 부부가 마주앉아 결혼관계를 유지할 수 없는 사정을 상대에게 설명하고 결별의 말을 한 뒤에 서로 응낙함으로써 이혼하는 방식이다. 또 하나의 방식은 할급휴서割給休書. 이혼 문건 같은 것이며 칼로 옷옷의 자락을 베어 그 조각을 상대방에게 건네줌으로서 이혼의 증표로 삼았다.

중국의 민간에서는 부부나 연인이 헤어지자는 뜻을 표시할 때 배(梨, 리)를 나누어 먹었다. 배는 리(離, 헤어지다)와 음이 같다. 남녀 어느 쪽에서 배를 반으로 잘라 상대에게 권하고 상대가 이를 받아먹으면 헤어짐에 합의하는 것이다. 요즘 중국의 신세대 사이에서는 결혼 전 커플이 헤어지고 싶을 때 남자가 여자에게 32송이로 된 꽃다발을 선물한다. 중국 속담에 삼심이의三心二意란 말이 있는데 마음을 정하지 못해 왔다 갔다 하는 모양을 말한다. 32송이의 꽃은 3과 2의 합성이니 당신을 향한 내

사랑이 흔들렸다는 은유적 표현이다.

더 가진 자, 더 배운 자, 더 높은 지위에 있는 자가 더 멋있는 표본을 보였으면 좋겠다.

— 2016년 1월 20일 연재

조선시대의 미인

조선 건국 초기에는 역성혁명을 합리화하는 이념적 방편의 하나로써 고려시대의 사치와 퇴폐풍조를 배척하였다. 그러므로 근검과 절약이 강조되고 옷차림과 화장에도 여러 차례 금령이 내려졌다. 시대마다 약간의 변화는 있었지만 조선시대 초기의 여성 화장법의 큰 흐름은 근대에까지 이어져 내려왔다. 눈썹을 그리고 연지를 칠하고 분을 바르되 본래의 생김새를 바꾸지 않는 것이 원칙이었고 화장한 모습이 화장 전의 모습과 확연히 다르면 야용冶容이라 하여 경멸받았다. 몸과 마음이 아울러 정결해야한다 하여 깨끗한 옷차림을 강조하고 아침에 일어나자마자 세수하고 빗질을 하였으며 외출에서 돌아오면 먼저 손발을 씻어야 했다.

그런데 개화기에 조선에 온 선교사나 여행자들이 남긴 기록을 보면 조선인은 몸을 자주 씻지 않아 불결하다는 구절이 많은데 이것은 그들을 수행한 조선 사람들이 대부분 하층출신이었기 때문이다. 조선시대 사람들은 조상에게 제사 지내기 전에, 부부가 합궁하는 날, 산천의 신들에게 빌기 전에 반드시 목욕하였다.

조선시대의 미인의 전형적인 형상은 "부잣집 맏며느리 감"이었다. 얼굴은 둥근 형이고, 야위지 않으며, 피부는 희고 흉터나 잡티가 없으며, 전체적인 골격은 풍만하고 건강하며, 머리카락은 숱이 많고 검으며, 표정은 부드럽고 인중은 긴 편이고, 입술색이 맑게 붉다. 이것이 부잣집 맏며느리 감 처녀의 전체적인 인상이었다.

조선시대 사대부가의 가정백과라고 할 수 있는 '규합총서閨閤叢書'란 책에는 옥같이 흰 피부를 이상형으로 강조하면서 다음과 같은 화장법을 소개하고 있다. "얼굴이 거칠고 터질 때는 달걀 3개를 술에 담가 두껍게 봉하고 이레가 네 번 지나도록 두었다가 바르면 피부가 윤기가 나고 옥 같아진다." 검고 윤기 있는 머리카락을 가꾸는 방법은 이렇다. "기름 두 되에 잘 익은 오디 한 되를 함께 단지에 담아 처마 밑 그늘에 달아 두었다가 석 달이 지난 후 바르면 검게 칠한 듯하다. 푸른 깻잎과 호도의 푸른 껍질을 한데 달인 물로 머리를 감으면 머리카락이 길고 윤기 나게 된다."

창법도, 춤 솜씨도, 몸매도, 화장법도 별 차이가 없는 걸 그룹들이 이상형이 된 이 시대에 누가 이런 화장법을 애써 따를까마는 무공해 천연 재료이니 한 번쯤 시도해보면 어떨까……

— 2016년 2월 3일 연재

34 이해와 오해

중국인의 연령칭호

　중국인이 오랜 옛날부터 사물과 사건을 표현할 때는 비유로서 깊은 뜻을 전하는 경우가 많다. 중국인이 나이를 어떻게 부르는지 살펴보면 그런 특징이 잘 드러난다.

　영아嬰兒: 갓 태어난 아기. 강보襁褓: 한 살 미만(강보는 아기를 싸는 포대기). 해제孩提: 2~3살(아기가 웃기 시작하나 아직 강보에 싸여있는 나이). 시츤始齔: 여자 아이 7살, 남자 아이 8살(츤은 젓니를 간다는 뜻). 총각總角: 어린이의 총칭이었으나 후대에 와서 미성년자의 총칭으로 확장되었다. 고대에는 아이들의 정수리 부분에 머리카락을 좌우 둘로 나누어 묶었는데總 그 모양이 양의 뿔角과 같았다. 황구黃口: 어린 새의 부리를 이르는 말, 10살 이하 어린이의 총칭. 유학幼學: 10살, 예기禮記에 "열 살을 유라 하고 이때부터 공부해야 한다人生十年曰幼, 學"는 말이 있다. 금채지년金釵 之年: 여자 아이 12살, 채는 비녀를 뜻한다. 무작지년舞勻之年: 13살에서 15살 사이의 남자, 작勻은 문을 뜻하니 글을 배우기 시작한다는 뜻. 무 상지년舞象之年: 15살에서 20살 사이의 남자, 상象은 무술을 뜻하니 이때 부터 신체수련을 한다는 뜻. 지학志學: 남자 15살, 논어論語에 "공자께서 말씀하시기를 나는 15살에 학문에 뜻을 두었다子曰吾十有五而志學"란 말이 나온다. 지계及笄: 여자 15세, 예기에 "여자 15살이면 비녀笄를 지른다 女子十有五年而笄"는 말이 나온다. 파과지년破瓜之年: 여자 16살, 과瓜자를 해체하면 두 개의 팔八자이니 합하면 16이다. 약관弱冠: 남자 20살, 20 살에 성인의 표시인 모자冠를 쓰는데 신체적으로는 아직 건장하지 못하 다하여 약弱이라 불렀다. 도리연화桃李年華: 여자 20살, 복사꽃과 오얏꽃 같은 나이. 화신연화花信年華: 여자 24살, 출가할 나이를 매화꽃에 비유 했다. 이립而立: 남자 30살, 공자는 30살에 자립했다. 불혹不惑: 남자 40 살. 지천명知天命: 남자 50살(이립, 불혹, 지천명은 모두 논어에 나오는 말이 다). 화갑花甲: 60살, 60간지를 다 채운 나이. 고희古稀: 70살, 두보杜甫의 시에 "예부터 70까지 사는 경우는 드물다人生七十古來稀"란 구절이 있다. 희수喜壽: 77살, 희喜자의 초서체는 77七十七을 합성한 모양이다. 장조지 년杖朝之年: 80살, 이 나이가 되면 황제를 알현할朝 때도 지팡이杖를 짚어 도 된다. 미수米壽: 88살, 미米자를 해체하면 88八十八이다. 백수白壽: 99 살, 백百자에서 일一을 들어내면 백白자이다. 차수茶壽: 108살, 차茶자의 윗부분은 초艸이니 념(卄, 20)과 모양이 같고 아랫부분은 미(米, 88)이니 둘을 합하면 108이 된다.

— 2016년 2월 17일 연재

35 이해와 오해

어떤 시인

'3월 하늘 가만히 우러러보며' 시 두 편을 떠올려본다.

…(전략前略)…

얼굴에 붉은 홍조를 띠우고/"갔다가 오겠습니다"/웃으며 가드니/아우야 너는 다시 돌아오지 않는다.

마쓰이 히데오!/그대는 우리의 오장伍長 우리의 자랑/그대는 조선 경기도 개성사람/인씨印氏의 둘째아들 스물 한 살 먹은 사내

마쓰이 히데오!/그대는 우리의 가미가제 특별공격대원

…(중략中略)…

우리의 동포들이 밤과 낮으로/정성껏 만들어 보낸 비행기 한 채에/그

대, 몸을 실어 날았다가 내리는 곳/소리 있이 벌이는 고흔 꽃처럼/오히려 기쁜 몸짓 하며 내리는 곳/쪼각쪼각 부서지는 산더미 같은 미국 군함!

수백 척의 비행기와/대포와 폭발탄과/머리털이 샛노란 벌레 같은 병정을 싣고/우리의 땅과 목숨을 뺏으러 온/원수 영·미의 항공모함을/그대/몸뚱이로 내려쳐서 깨었는가?/깨뜨리며 깨뜨리며 자네도 깨졌는가

장하도다/우리의 육군항공 오장 마쓰이 히데오여/너로 하여 향기로운 삼천리의 산천이여/한결 더 짙푸르른 우리의 하늘이여……(후략後略).

　　-《松井伍長 頌歌》, 달성정웅達城靜雄 지음, 1944. 12. 9. 매일신문.

　　한 송이의 국화꽃을 피우기 위해/봄부터 소쩍새는/그렇게 울었나 보다.

　　한 송이의 국화꽃을 피우기 위해/천둥은 먹구름 속에서/또 그렇게 울었나 보다.

　　그립고 아쉬움에 가슴 조이던/머언 먼 젊음의 뒤안길에서/이제는 돌아 와 거울 앞에 선/내 누님같이 생긴 꽃이여

　　노오란 네 꽃잎이 피려고/간밤엔 무서리가 저리 내리고/내게는 잠도 오지 않았나 보다.

　　-《국화옆에서》, 서정주徐廷柱 지음, 1947년 발표.

달성정웅은 식민지시대에 서정주(1915~2000) 시인의 창씨개명이다. 1944년에 피 끓는 29살 식민지 청년시인이 (식민종주국을 위해 전사한) 가미가제 특공대원을 찬양하는 시를 썼다. 같은 시인이 그로부터 3년이

지나서는 한국 서정시의 대표작 하나를 썼다.

— 2016년 3월 2일 연재

고대에 외국인은 중국을
어떻게 불렀을까?

고대에 중국과 가장 오래 동안, 그리고 가장 빈번하게 접촉하고 관련 문헌기록이 가장 많이 남아 있는 나라는 인도이다. 외국에서 중국을 부른 가장 오래된 호칭은 산스크리트어에서 중국을 지칭하는 Cina이다. 한자로 번역된 불경에서는 Cina를 至那, 脂那, 혹은 支那로 음역하였다. 인도에서 Cina란 명칭이 언제부터 사용되었느냐는 문제는 정설은 없지만 대체로 기원전 4~3세기쯤으로 추정되고 있다. Cina의 어원에 관하여는 춘추전국시대에 처음으로 중국을 통일한 진秦 왕조의 이름에서 나왔다는 설, 형荊자의 음역이라는 설, 금錦자의 음역이란 설이 있으나 진 왕조의 이름에서 비롯되었다는 설이 다수의 지지를 받고 있다.

고대 그리스인들은 중국을 Serica(비단이 나는 나라), 중국인을 Seres, 중국의 수도는 Sera라 불렀다. 비단은 Serge라 불렀는데 Ser는 중국어 絲(비단)의 음역이고 ge는 접미사이다. Serge는 라틴어에서는 Sericum으로 정착하였다가 영어에서는 Silk로 변했다.

중세기에 비잔틴 왕궁의 학자들은 중국을 Taugaste라 불렀고 이슬람 문헌에서는 중국을 Tamghaj, Tomghaj, 또는 Tohgaj라 불렀다. 이 명칭의 어원에 관해서는 여러 가지 설이 있는데 그 중의 하나가 唐家子(당나라, 또는 당나라 사람)이다. 이때 唐은 당 왕조를 가리킨다. 또 하나의 설은 기원 4세기에서 6세기까지 중국 북방에 왕조를 세웠던 선비鮮卑족의 왕족 성인 탁발拓拔에서 비롯되었다고 한다(탁발의 고대 음은 takhuat로 추정된다). 이 명칭이 처음 기록된 곳은 돌궐 비문이다. 돌궐족이 서쪽으로 이동하면서 중앙아시아 일대와 이슬람세계에 이 명칭이 전파되었다.

러시아어에서는 중국을 Kitai(영어로 표기할 때는 Cathay)라고 부르는데, 이는 중국 북방에 요遼 왕조를 세운 거란契丹족의 명칭이다. 후에 거란족의 일부가 서쪽으로 옮겨가 중앙아시에 서요西遼를 세웠다. 이때 Kitai란 명칭이 러시아를 거쳐 동유럽 일대에 알려졌다.

— 2016년 3월 17일 연재

37 이해와 오해

엘긴 대리석(1)

서구문명의 정신적 바탕은 그리스-로마 신화와 기독교 교의라고 할 수 있을 것이다. 그리스 신화를 생각할 때 우리는 자연스럽게 파르테논 신전을 떠올리게 된다. 정작 아테네를 가본 적이 있는 여행객이라면 파르테논 신전의 훼손된 모습에서 비애와 절망을 느낄 것이다. 자연의 변화가 신전을 훼손시킨 것은 당연한 이치이지만 그보다도 인간의 손길이 끼친 피해가 훨씬 더 컸다. 지금 그리스 영토의 대부분은 15세기부터 19세기 초반에 이르는 오랜 세월동안 오스만 터키제국의 속령이었다. 지중해의 패권을 두고 겨루고 있던 오스만 터키와 베네치아는 수시로 전쟁을 벌였고 이때 오스만 터키는 파르테논 신전을 군대의 무기고

로 사용했다. 1687년 베네치아 함대가 파르테논 신전을 포격해서 심각한 피해를 입힌데다가 조각품들을 거친 방법으로 약탈해가면서 많은 대리석 조각품을 박살내 놓았다.

토마스 브루스(1776-1841)는 오스만 터키 주재 영국대사를 지냈다 (1798-1803). 세간에서는 귀족인 그의 세습영지의 이름을 따서 그를 (제7대) 엘긴Elgin 백작이라 불렀다. 그는 부임하자마자 오스만 터키의 술탄으로부터 파르테논 신전을 위시한 그리스의 여러 신전의 구조를 측량하고 그곳의 작품을 그림으로 남기는 작업을 해도 좋다는 허가를 받았다. 그러나 그가 실제로 벌인 일은 현지 관료에게 뇌물을 주고 대리석 작품을 뜯어내는 것이었다. 되는대로 뜯어내고 선편으로 영국에 보내기 편리한 크기로 절단된 작품들은 파르테논 신전의 조각상, 박공의 부조, 건축 장식의 절반에 이르는 양이었다고 한다. 이렇게 해서 옮겨진 작품들은 스코틀랜드에 있는 토마스 브루스의 장원 저택을 장식했다. 운송 도중에 배가 침몰하여 바다 밑에 갈아 앉은 대리석 작품들을 끌어올리는 데 수년이 걸린 경우가 있었고 그가 귀임한 후에도 그가 고용한 전문가

엘긴 대리석. 대영박물관 소장

들은 현지에 남아 1812년까지 발굴(?) 작업을 계속했고 성과물들을 영국으로 보냈다. 당시 영국 시인 바이런은 브루스의 행위를 문화파괴vandalism라고 비난했다.

부채 때문에 어려움을 겪고 있

던 엘긴 백작은 1816년에 자신이 소장하고 있던 파르테논(등의) 조각품을 영국 정부에 팔았다. 이것이 이른 바 '엘긴 대리석'이다. 세계 최고수준, 최대량을 자랑하는 대영박물관의 그리스 고대 조각품 콜렉션은 이렇게 하여 모아졌다. 그래서 오늘날 우리는 대영박물관에서 손발이 잘려나간 신상과 몸통이 없는 말머리 조각상을 감상할 수 있게 된 것이다.

— 2016년 4월 14일 연재

엘긴 대리석(2)

"어느 여름날, 두 명의 강도가 여름 궁전에 침입했다. 한 명이 물건을 깨끗이 쓸어 담는 동안 한 명은 불을 질렀다. 승리자들은 여름 궁전의 보물을 모조리 훑어갔고 훔친 물건은 나누어가졌다. 승리자들이란 원래부터가 강도로 변하기 마련이다." 프랑스의 저명한 작가 빅토르 위고가 말한 두 명의 강도란 영국과 프랑스를 가리키며, "여름 궁전"이란 바로 중국의 원명원圓明園이었다. 1860년 10월, 영·불연합군이 저지른 야만적인 원명원 약탈과 방화는 인류문명사에서 가장 야만적인 문화재 약탈사의 하나이다.

원명원은 북경 서쪽 교외에 자리 잡고 있으며 청 황제의 별궁이었다.

옹정雍正帝, 건륭乾隆, 가경嘉慶, 도광道光 등 여러 황제가 150년 동안 사용하면서 지속적으로 수리하고 확충하여 규모가 웅대하고 경치가 수려한 별궁으로 만들었다. 청의 황제들은 여름과 가을이면 더위를 피해 이곳으로 와 정무를 처리했다. 이곳에는 황제가 아끼는 고전적과 서화가 다량 소장되어 있었음은 물론이고 건축적인 면에서도 최고의 기술을 구사하고 서양 선교사들이 설계한 서양식 건물까지 갖춘 조경예술의 극치라고 할 수 있었다.

제1차 아편전쟁 이후로도 아편교역의 확대, 자유로운 선교, 개항장의 추가를 바라던 영국은 프랑스를 끌어들이고 사소한 꼬투리(애로우호 사건)를 잡아 제2차 아편전쟁을 일으켰다. 전쟁의 말미에 청 정부의 항복

원명원 유적

을 압박하기 위한 수단으로서 영.불연합군은 원명원을 불태우기로 결정했다. 10월 8일, 먼저 약탈이 시작되었다. 장교들에게는 약탈의 우선권이 주어졌다. 그들이 지나간 후 병사들에게 "자유롭게 약탈"해도 좋다는 명령이 내려졌다. 그리고 나서 방화명령이 내려졌다. 원명원은 타지 않는 돌만 빼고 모든 것이 재로 변했다. 지금도 원명원 옛터에는 그때의 방화에서 살아남은 대리석 더미만 남아있다. 현재 영.불 양국의 주요 박물관이 소장하고 있는 중국관련 보물들은 이때 약탈된 것들이 많다.

연합군의 원명원 약탈과 방화를 주도적으로 구상하고 적극적으로 실행한 책임자는 영국의 전권 특사 제임스 브루스(James Bruce, 1811-1863)였다. 그는 파르테논 신전의 대리석 조각 작품을 휩쓸어간 토마스 브루스의 아들이며 아버지의 작위를 세습하여 제8대 엘긴백작이 되었다. 아버지는 서양 고전문명의 핵심적 상징의 하나인 파르테논 신전을 약탈했고 아들은 중국 문명과 권력의 핵심 상징의 하나인 원명원을 약탈했다. 부자가 대를 이어가며 동서양의 핵심 문화재를 약탈한 덕분에 대영박물관의 수장고가 넉넉해졌던 것이다.

— 2016년 4월 27일 연재

중국의 여성 부호富豪

중국의 경제 월간지 《호윤백부(胡潤百富, Hurun Report)》는 매년 중국 부호들의 순위를 발표하여 상당한 인기를 끄는 잡지이다. 이 잡지가 2010년 10월호에 발표한 '전세계 100대 부호' 가운데서 여성 부호가 가장 많은 나라는 중국이었다. 그리고 10억 달러 이상의 재산을 가진 자수성가한 여성 부호 20명 중에서 11명이 중국 여성이었다.

중국의 역사기록에 가장 처음으로 등장하는 여성 경영자는 청淸이란 이름의 과부이다. 사마천이 쓴 《사기-화식열전》은 이 여성의 행적을 76자로 간략하게 기술하고 있다. 과부 청의 가족은 단사丹砂 제련을 가업으로 경영하고 있었고 독특한 채굴과 제련 기술을 갖고 있어서 대를 이어가며 가업이 번성했다. 과부 청은 가업을 물려받아 확장시켰을 뿐만 아니라 사설 무장대를 조직하여 재산을 지켰다. 그가 살던 시대는 진秦이 천하를 통일하던 무렵이었고 진은 산업의 국유화를 지향하면서 호족의 경제활동을 심하게 억압했다. 이런 시대에 진시황은 그에게 '정부貞婦'라는 시호를 내리고 표창했다. 진시황은 생전에 자신의 능묘를 건설하면서 자신의 업적을 드러내기 위해 능 안에 '땅과 하늘의 모양을 만들고 땅에는 수은을 부어 강과 바다의 흐름을 나타냈다'. 그 시대에 수은은 단사를 제련하는 부산물로 나왔는데, 단사 광산을 독점하고 독특한 제련 기술을 확보하고 있던 과부 청은 진시황에게는 없어서는 안 될 인재였다.

중국에서 여성 경영자가 가장 활발하게 활약한 시기는 당唐 시대이다. 중국사에서 최초이자 유일한 여성 황제(무측천)가 등장한 사회적 분위기와도 관련이 있을 것이다. 당시 낙양에서 가장 유명한 여성 상인 고오낭高五娘도 과부였고 제련업을 경영했다. 전하는 바에 의하면 그는 미모가 뛰어났고 첫 남편이 죽자 얼마 안가 재혼했는데 풍부한 재력이 재혼하는데 힘을 발휘했을 것이다.

당 중기에 조선업이 발달한 장강 유역에서 가장 유명한 여성 경영자는 유대낭俞大娘이었다. 당시 화물선은 일반적으로 8~9천 석을 실을 수 있었는데, 그가 만든 배는 만 석을 실을 수 있었다. 배위에서 과일과 채소를 재배하고 수백 명의 선원이 태어나서 죽을 때까지 배 안에서 생활할 수 있었다고 한다.

개혁개방 이후의 중국경제의 발전상도 놀랍지만 그 속에서 여성 경영자들의 활약도 대단한데, 여성 경영자들의 전통은 2천 몇 백 년 전까지 연결되어 있다고 볼 수 있다.

— 2016년 5월 11일 연재

40 이해와 오해

애국, 용기

우리가 프랑스 지식인에 관해 얘기할 때면 에밀 졸라로부터 시작되는 계보를 떠올린다. 그는 간첩으로 몰린 드레퓌스를 변호했다. 싸르트르는 자동차공장의 드럼통 위에 올라서서 연설을 했고 푸코의 대머리는 경찰 봉에 맞아 터졌다. 모두가 정부에 대항하는 장면이다. 그러나 우리는 수 많은 프랑스 지식인들이 나치 군대가 침입했을 때 펜을 던지고 총을 들 었던 사실에 대해서는 잘 모른다. 아날학파의 창시자인 마르크 블로크는 1차대전 때 소위로 참전했다. 2차대전 때는 54세의 대학자였다. 미국 학 계가 그를 구하려고 불렀지만 그는 가지 않았다. 그 나이에 그는 리용으 로 달려가 지하활동을 하다가 붙잡혔다. 4개월 동안 손톱이 뽑히고, 얼

음물 통에 처박히고, 뜨거운 물을 끼얹히는 등의 고문을 당하고 끝내 처형대 앞에 세워졌다. 네 사람이 한 줄로 같이 섰는데 그의 옆에는 지하운동을 하다 잡혀온 열여섯 살의 소년이 섰다. 그 소년이 떨면서 블로크에게 물었다. 선생님, 아플까요? 아냐 아프지 않아, 한순간에 지나갈 거니까 걱정하지마. 이것이 위대한 역사학자의 유언이었다. 노벨문학상 수상자이며 프랑스 신소설의 대가인 클로드 시몽도 지하활동을 했다.

독일에 저항한 이들은 애국 영웅이 아닌가? 그런데 문제가 생겼다. 독일 점령 시기에 저항운동을 하다가 종전 후까지 살아남은 지식인들의 대부분이 알제리의 독립을 지지하는 운동에 참여한다. 당시 많은 사람들이 그들을 비난했다. 프랑스를 지키려고 나치에 맞서 생명을 내놓았던 당신들이 어떻게 프랑스 식민지의 독립을 지지하는 매국노, 반역자가 될 수 있는가?

프랑스 고전학의 대학자 장 삐에르 베르낭은 이렇게 말했다. "나치가 우리의 국토를 침입하게 내버려 둘 수 없었다. 그래서 우리는 끝까지 저항했다. 그렇기 때문에 우리는 조국을 위해 생명을 걸려는 알제리인의 권리를 빼앗아서도 안되고 빼앗을 수도 없다. 이것이 일관성이고 통일성이다."

나치에 저항했던 지식인들은 전쟁이 끝난 후에도 여전히 나라를 사랑한다고 믿

마르크 블로크

었다. 알제리 독립을 지지하는 것도 그들에게는 애국적인 행위였다. 그들은 다음과 같은 신념을 갖고 있었다. 국가에는 이념이 있다. 무슨 이념인가? 그들은 프랑스 대혁명을 떠올렸다. 우리 프랑스란 나라는 어떻게 세워진 나라인가? 자유, 평등, 박애, 이것이 우리의 국가이념이다. 그 이념 위에서 우리는 나치에 저항했고 같은 이념 위에서 우리는 알제리의 독립을 지지한다. 알제리의 독립을 지지하는 일이야 말로 프랑스의 국가존엄을 지키는 일이다. 프랑스 지식인들은 자신의 생명과 행위와 문장을 통해 프랑스가 '무엇'인지를 보여주었다.

우리가 요즘 일상에서 흔히 듣고 보는, 지식인이라고 자처하는 이들이 부르짖는, 옳고 그름을 가리지 않는 애국은 거짓이고 위선이다.

— 2016년 5월 25일 연재

중국의 유태인

중국 내부의 역사기록에 유태인의 존재와 활동이 처음 등장하는 것은 북송시대인데 궁중에 양포洋布를 공급하여 황제가 좋아했다고 한다. 당시 유태인 대부분은 송의 수도인 지금의 하남성 개봉에 모여 살았다. 유태인이 중국에 들어온 것은 그보다 앞선 당 시대로 추정하는데 돈황 천불동에서 8세기 무렵에 작성된 것으로 추정되는 히브리어 상업문서와 유태교 기도문이 발견되었기 때문이다.

중국내 유태인의 존재가 외부세계에 처음 알려진 것은 베니스의 상인 마르코 폴로(1254~1324)와 모로코의 여행가 이븐 바투타(1304~1368)가 쓴 여행기를 통해서였지만 내용은 매우 간략했다. 중국내 유태인의 존재를 상세하게 기록하여 서방에 알린 인물은 우리가 잘 아는 마테오 리치(1552~1610)이다. 중국에서 28년 동안 기독교를 선교하다가 생을 마감했다.

마테오 리치가 남긴 "기독교 중국원정사"란 책은 다음과 같이 기록하고 있다. (1605년의) 어느 날 애전艾田이란 중국 유태인 청년이 리치 신부를 찾아왔다. 그는 중국학자가 쓴 책을 통해서 리치 신부의 활동을 알게 되었으며, 자신은 유일신 여호와를 믿으며 개봉에 사는데 과거 시험에 응시하기 위해 북경에 왔다고 하였다. 리치 신부가 그에게 성모자상을 보여주자 유태인 청년은 그것을 구약에 나오는 레베카와 그의 아들 야곱 또는 에서로 이해하고 무릎 꿇고 경배했다. 히브리어로 된 성서를 보여주자 청년은 그것을 해독하지는 못했지만 히브리어임은 알아봤고, 자신은 과거시험을 보기 위해 중국 전적을 공부했지만 자신의 가족들은 히브리어를 사용한다고 말했다. 청년은 Messiah를 Moscia로, Jerusalem을 Jerusolaim으로 읽었다. 그리고 개봉에는 많은 유태인이 살고 있고 유태교 교당도 있다고 알려 주었다. 후에 리치 신부가 중국인 조수를 개봉으로 보내 확인한 바 청년의 말은 모두 사실이었다.

개봉의 유태교 교당은 1642년 이자성李自成의 반란군이 개봉을 공격하면서 황하 제방을 무너뜨릴 때 물어 잠겨 없어졌고 이 때 유태인 사회도 많이 흩어졌다. 1850년에는 태평천국의 난이 일어나 개봉의 유태인 사회는 큰 핍박을 받았다. 그해에 히브리어를 사용하는 마지막 랍비(유태교 성직자)가 죽자 이후로 유태인 사회는 유태교도로서의 정체성을 잃어갔다.

1987년 통계에 따르면 개봉의 유태인 후손은 66호 159명이다. 이들은 스스로는 유태인의 후예라고 인식하고 있지만 히브리어는 모르고 유태교의 전통도 알지 못한다고 한다. 어쨌든 지금까지 유태인 사회가 천년을 넘기며 중국내에 존재한다는 것 자체는 대단한 일이라 할 것이다.

— 2016년 6월 8일 연재

세계에서 가장 아름다운 서점

2014년 봄에 영국의 BBC방송이 "세계에서 가장 아름다운 서점" 열 곳을 선정하여 발표했다. 선정 기준에는 내부 설계와 장식의 품격은 물론이고 경영방식까지도 포함되어 있으니 서점의 내면세계와 경영철학까지도 평가한 셈이다. 선정된 서점을 나라별로 분류해보면 네덜란드, 아르헨티나, 중국, 멕시코, 포르투갈, 미국, 프랑스, 영국이 각기 한 곳이고 이탈리아는 두 곳이다.

그 중에서 나는 (네덜란드의) 도미니카넌 서점의 얘기에 감동하였다.

서점이 자리 잡은 마스트리히트시는 인구 13만의 작은 지방도시이다. 서점 건물은 1294년에 건설된 도미니크파 교단의 교회이다. 교회는

1794년 프랑스(나폴레옹) 군대가 점령한 이후로 교회로서의 역할을 상실하였고 이후 오랜 세월 동안 체육관, 공회당, 전시 시신보관소, 컨서트 홀 등으로 사용되어왔다. 2004년에 네덜란드 최대의 연쇄서점 셀렉시스가 이곳에 서점을 열었다. 애플 같은 대기업이 탐내던 이 교회건물의 소유권자인 교구에서는 교회 건물 내외에 어떤 손상과 변형도 가하지 않는다는 조건으로 서점 개설을 허락했다. 벽과 천장에 닿지 않도록 일정한 간격을 두고 검은 색 철제 빔으로 3층의 서가를 세웠다. 중후한 역사와 현대적 분위기가 완벽하게 융합된 서점이 태어났다. 이 리노베이션 설계는 2007년 (네덜란드) 최고의 건축상을 수상했다.

2012년에 셀렉시스가 파산했다. 폴라레란 회사가 나타나 서점을 인수 경영했다. 이 폴라레도 2014년 1월 폐업을 발표했다. 서점을 살리고 싶었던 메니저 톤 하르머스가 페이스북에 다음과 같은 메시지를 올렸다. "세계에서 가장 아름다운 서점의 미래에 투자해주십시오. 5년 후에 투자금의 125퍼센트를 돌려드리겠습니다." 작은 기적이 일어났다. 일주일 만에 서점을 살리는데 필요한 돈의 두 배가 크라우드 펀딩으로 조달되었다. 2014년 3월에 서점은 이름을 도미니카넌으로 바꾸어 다시 문을 열었다. 그리고 4월 달에 BBC가 이 서점을 "세계에서 가장 아름다운 서점"으로 선정했다. 시민의 '자본'으로 살려낸 이 서점은 한 해에 100만 명이 찾는 명소가 되었다.

"도미니컨 서점의 목표는 네덜란드헌법의 기본정신인 표현의 자유, 출판의 자유와 일치한다. 독자들은 모든 진리와 사상을 우리의 서가에서 찾을 수 있다." 이것이 도미니컨 서점이 투자자와 독자들에게 한 공개적인 약속이다.

— 2016년 6월 22일 연재

함석헌 선생님

　나라라는 공동체가 어떤 곤경에 처하거나 중요한 선택의 기로에 섰을 때 때로는 지혜로, 때로는 매서운 질책으로 길을 보여주는 어른이 계시든 시절이 있었다. 1960년대 말에서 1970년대에 걸쳐 20대 청년기를 지내온 나의 세대에게 그런 어른 가운데 한 분이 함석헌(1901~1989) 선생이셨다. 많은 지식인이 5.16 쿠데타 세력에게 아유할 때 선생께서는 그 집단을 냉엄하게 꾸짖는 글을 쓰셨다. 아래에 인용한다.

　"우리의 흠은 잊기를 잘하는데 있습니다……우리는 문제가 일어날 때는 재빨리 깨닫는 것 같아도 얼마 못가서 잊어버립니다. 자유당 일도 분개할 때는 하다가도 지나가면 잊어버렸고 민주당도 그랬습니다. 한

함석헌 선생

일조약도 잘못된 줄은 알아 떠들었으나 지나간 다음에는 잊어버렸고, 나라재산 부정매매도, 밀수사건도, 있을 때는 분개했어도 곧 잊어버렸습니다. 신문도 한두 번 때린 다음에 나 할 일 다 했다는 듯 잠잠합니다. 빚은 받을 때까지 독촉해야하고 잘못하는 머슴은 고칠 때까지 책망하기를 그치지 않아야 합니다. 확실히 우리의 잘못은 옅고 끈기 없는 데 있습니다.

역사가 무엇입니까. 기억입니다. 지나간 것을 잊어버린다면 역사는 없습니다. 정신이란 무엇입니까. 시간을 꿰뚫어 버티는 것입니다. 그것은 기억 없이는 아니 됩니다. 지나간 잘못을 잊지 않아야만 새 잘못을 아니 할 수 있고, 한번 잘한 것을 놓지 않고 지켜야만 국민성격을 이룰 수 있습니다. 한 줌 되는 군인이 일어나 하룻밤 사이에 전통으로 내려오는 모든 것을 때려 부수고 세대교체를 하겠다, 민족개조를 하겠다, 건방진 수작을 했다는 것은 무엇입니까? 우리의 성격이 없는 것을 말한 것입니다. 잊지 말아야 합니다. 일본시대에 당했던 부끄럼과 업신여김을 잊지 않았다면 한일조약이 그렇게 되고 월남참전이 저렇게 되었을 리는 없습니다. 영악해야만 역사적인 국민이 됩니다. 5.16은 그 부족한

성격 때문에 맞은 역사적 재앙입니다.(1968에 저술,『함석헌 저작집』제5권 221~222쪽, 한길사 간)"

　반세기 전에 선생께서 쓰신 이 글이 지금도 유효하게 느껴지는 것은 기쁜 일일까? 잊지 않도록 기록해야 할 자들이 오히려 어떤 때는 노골적으로 잊으라고 강요하고 어떤 때는 교묘하게 잊기를 부추긴다. 지금 우리는 무엇을 기억해야 할까? 어느 날 아침에 가만히 있다가 물귀신이 된 수백 명의 어린 영혼들, '정의의 구현'을 외고 다니든 판검사들이 퇴직 후 단 몇 년 사이에 전화 몇 통화로 100억대의 알돈을 버는 요술이 통하는 나라, 식민지 성노예의 역사를 헐값에 '불가역적'으로 해결하는 무지막지하게 과감한 대통령, 온 나라의 강줄기를 나랏돈 들여 마음대로 파헤치는 파렴치함……잊지 말아야 할 것들이 너무 많다. 피곤해도 기억하자, 우리가 영악하지 못해서 역사는 지금도 되풀이 되고 있지 않은가.

— 2016년 7월 6일 연재

허풍쟁이 마르코

칭기즈칸 집안이 유라시아 대륙을 휩쓸면서 세계의 일체화를 완성했다. 여행과 교역을 통해 관념과 지식이 한바탕 혁명을 시작했다. 많은 유럽의 선교사, 여행가, 모험가, 상인이 각자의 목표를 갖고 중국을 찾았고 그들은 많은 기록을 남겼다.

그 기록 가운데서 서양인의 집단 기억 속에 중국의 이미지를 형성하는데 중요한 영향을 미친 것이 《마르코 폴로 여행기》다.

마르코 폴로(1254~1324)는 베네치아의 상인인 아버지와 숙부를 따라 17살 때인 1271년에 고향을 출발하여 중국에 왔다가 24년 후인 1291년에 귀향했다. 그는 중국에 온 후 쿠빌라이가 통치하던 원나라 조정에서

17년 동안 일하면서 중국 각지를 견문하였다. 마르코 폴로가 고향에 돌아오고 나서 4년 뒤에 베네치아와 제노바 사이에 동방무역로의 지배권을 둘러 싼 전쟁이 일어났고 이 전쟁에서 마르코 폴로는 포로가 되어 제노바의 감옥에 갇혔다. 그는 감옥에 갇혀있으면서 감방동료에게 자신의 여행경험을 들려주었고 동료가 이를 기록한 것이 《마르코 폴로 여행기》이다.

마르코 폴로는 중국 항주를 천당과 같이 아름답고 물자가 풍부하며 인구는 160만 호나 된다고 묘사했다. 유럽인들로서는 그런 규모의 도시가 지상에 존재한다는 것은 상상도 할 수 없는 일이었다. 항주가 당시 세계에서 가장 번성하고 가장 규모가 크며 잘 관리된 도시였음은 분명하지만 여러 기록을 살펴보면 인구는 100만 명 정도였던 것 같다(160만 호란 숫자는 아무래도 심한 과장이다). 같은 시기에 북유럽에서 가장 큰 도시인 파리는 인구가 10만 명 정도이고 왕궁과 교회를 제외하면 건물다운 건물이 없었다.

파리의 거리는 좁고 유흥업소는 어디에도 없었으며 도시의 위생 상태는 엉망이었다. 그러니 당시 사람들이 마르코 폴로를 허풍쟁이이라고 손가락질 한 것은 당연한 일이었다.

마르코 폴로의 묘사는 과장이 심하고 그의 시각은 철저하게 상인적이어서 인문학적인 관찰은 거의 보여주지 않는다. 그는 중국에서 17년이나 살았으면서도 가장 중국적인 특색이라고 할 만리장성과 차와 전족纏足에 관해서는 전혀 언급하지 않았다. 그래서 현대의 전문 연구자 가운데서도 마르코 폴로가 중국에 왔었다는 사실을 의심하는 사람이 있다. 그를 변호하는 사람들은 원 왕조 시대에 만리장성은 심하게 파손되어서 변방을 지키는 방책으로서의 역할을 전혀 하지 못하고 있었다고 말한다. 마르코 폴로는 몽고인과 색목인色目人 사이에서 생활했기 때문에 중국인의 차 마시는 습관과 전족을 알지 못했다고 한다.

— 2016년 7월 21일 연재

임진강별곡

집 뒷동산에 올라 북쪽을 바라보면 임진강이 봄날에는 은박지로 만든 띠처럼 반짝이며 흐르고 가을날 해질 녘에는 노을이 그 강물 위에 진홍 물들인 비단 띠가 되어 흐릅니다. 그리고 봄날 아침이면 그 임진강을 건너서 수많은 철새들이 날아오고 가을날 저녁이면 그들이 돌아갈 때 부르는 노래 소리가 하늘에 가득합니다. 내가 고향이 아닌 이곳에 정착하기로 마음먹은 데에는 분단의 상처를 가장 직접적으로, 가장 많이 안고 있는 곳이 파주라고 생각했기 때문입니다. 70년이면 한 사람의 평생이고 한 세기에 가까운 시간입니다. 그 세월 동안 파주가 안고 있던 분단의 상처가 가까운 장래에(나의 살아생전에) 아름답고 귀한 보석으로 평가

받을 것이라 믿었기 때문입니다. 역설적이게도 잘 보존된 임진강물과 비무장지대의 숲 - 이곳에 평화가 찾아온다면 70년 동안의 상처는 빛나는 유산으로 변모할 것이라 믿었기 때문입니다. 격렬하고 오랜 지각활동 속에 간힌 탄소가 다이아몬드로 응결되어 나오듯이…

2004년 겨울에 집을 지어 이곳에 정착했습니다. 이사 온 다음해에 남북 양쪽의 비방방송이 멈추었습니다. 집 앞 자유로 그 길을 따라 어느 기업집단의 회장이 소떼를 몰고 북쪽 고향을 다녀왔고, 어느 대통령은 그 길 위에 노란색 페인트로 표시된 경계선을 걸어서 넘어 북으로 가 그쪽의 최고위 정치지도자를 만나고 왔습니다. 그리고 북쪽 공단을 오가는 화물차들이 아침저녁으로 자유로 그 길 위를 바삐 달리기 시작했습니다. 그렇게 12년이 지난 지금 전보다 훨씬 성능이 좋아진 확성기를 동원한 양쪽의 비방 방송이 재개되었고 북쪽을 오가든 화물차의 행렬은 끊어 졌습니다. 한 쪽은 쏘겠다고 위협하고 다른 한쪽은 그래, 쏘기만 해봐라 하며 서로 노려보고 있는 형국입니다. 참 쓰기 거북한 표현이지만 자해공갈단끼리 기 싸움을 벌이고 있는 것 같습니다.

아무리 같은 피를 나눈 형제라 하더라도 독립된 가계를 이루고 다른 방식의 삶을 오래 동안 살다보면 어린 시절의 형제애만으로는 이해하고 포용하기가 어렵습니다. 제도와 이념을 달리하여 한 세기 가까이 서로 적대하며 유지되어온 정치적 실체라면 하나로 합쳐지기는 더더욱 어렵습니다. 그러나 국가가 무엇입니까? 그 구성원들에게 최소한의 안전을 보장해주고 미래에 대한 신뢰를 심어주어야 하는 것이 국가의 기본 소임 아닙니까? 그래서 우리는 납세와 병역의 의무를 기꺼이 지지 않습니까? 그리고 정치가는 왜 존재입니까? 정치가의 최종 목표는 권력을 획득하는 것이지만 그 권력은 어떤 것이어야 하며 그 과정은 어떠해야 합니까? 정치가는 정직해야하며, 시민을 불안하게 하거나 눈물 흘리게 해서는 안 되며, 내일은 오늘보다 조금이라도 더 나아질 것이라는 희망을 갖게 해주어야 합니다.

이런 의미에서 지난 70년 동안 남쪽이나 북쪽이나 가릴 것 없이 정치 지도자들이 책무를 다했다고 할 수 없습니다. 70년이 결코 짧은 세월이 아닙니다. 그들은 시민으로부터 위임받은 권력을 가지고 마땅히 했어야 할 중요한 책무를 다하지 않았습니다. 그러면서도 입만 열면 정치적 공세하지 마라, 정치적 술수부리지 말라면서 정치를 몹쓸 물건인 것처럼 폄하하고 있습니다. 그렇게 불결한 게 정치라면 왜 그걸 하겠다고 나섰습니까? 백성이 원하는 바를 물어보고 그걸 실현하는 것이 정치입니다. 정치가 여러분, 바로 그런 정치적 공세를 열심히 펼치시고 그런 정치적 술수를 마음껏 부리십시오.

나는 희망을 버리지 않습니다. 지금도 임진강물은 맑게 흐르고 아직도 저녁노을은 임진강물 위에 곱게 내려앉기 때문입니다. 임진강을 건너 철새는 금년 봄에도 왔고 금년 가을이면 다시 돌아갈 것이기 때문입니다.

— 2016년 8월 17일 연재

봉건의 유래

'봉건적封建的'이라는 표현은 낡고 경직된 사상이나 제도를 일컬을 때 자주 쓰인다. 이 말의 원래 의미는 무엇일까? 봉건은 '봉토건국封土建國'의 줄임말이다. 《주례周禮》에서는 '봉封'을 '制其畿疆而溝封之(제기기강이강봉지)'라 하였는데, 풀이하면 농사감독관인 대사도大司徒가 한 지역의 토지를 구획하고 토지의 사방에 도랑을 파서 봉토로 만들었다는 뜻이다. 봉토에는 도랑을 파 둑을 쌓고 그 위에 나무를 심어 사람들이 넘어 오지 못하게 하였다. 제후에게 배타적인 봉토를 인정해주는 것을 봉국封國이라 하였다. 봉의 근원은 토지의 경계를 표시하는 일이다. 이러한 원래의 뜻이 지금도 우리가 사용하고 있는 봉함封緘, 봉쇄封鎖 등의 용어에 흔적을 남기고 있다. '국國'은 성城의 둘레이다. 고대 중국에서 성은 바로 붙어서 이어지지 않고 여기 저기 흩어져 있었다. '국國'들 사이의 빈 공간에는 유목민족(융적戎狄)이 거주했다. 고대 봉건시대에는 농업민과 유목민이 섞여 살았고 전국시대에 이르러 토지가 크게 개발되자 대부분의 백성이 농업을 위주로 생활하게 된다.

농업민은 유목민의 침입을 막기 위해 도랑을 파고 담장을 세웠다. 유목민이나 농업민이나 종족적으로는 하나의 계통이었으나 생활방식이 달라 유목민은 사방을 돌아다녔고 농업민은 정착하여 생활했다.

서주西周시대는 '농업민이 무장하고 경지를 개척한 시기'라고 할 수 있다. 서주 초기에는 '국'이 수십 개였으나 후에는 백 수십 개로 늘어났다. 어느 '국'도 다른 '국'을 소멸시킬 실력이 없어 서주 왕실을 공동의 종주宗主로 받들면서 공존하였다. 유목민이 '국'들 내부의 틈을 찾아 침입하는 일이 잦아지자 '국'이 연합하여 유목민을 변방 또는 산림 속으로 몰아냈다.

이렇게 시작된 중국 고대의 제후국은 가장 큰 것이라 해도 면적이 사방 100 리를 넘지 못했다. '국'과 '국' 사이의 거리는 대략 50 리였다.

봉건지주인 제후는 농사감독관을 두어 농민들에게 농사기술을 가르치고 늘 순시하며 경작상황을 감독했다. 농민의 지적 수준이 낮았기 때문이고 한편으로는 농민이 이반하면 바로 '국' 밖의 유목민이 침입할 수 있기 때문이었다. 그래서 귀족과 농민이 서로 의지하며 평화롭게 지낼 수 있었다. 이러한 시대 상황에서 나온 토지제도가 정전제井田制이다(토지를

井자 모양으로 나누고 중앙은 공동 경작하여 그 수확물은 제후의 수입으로 하고, 중앙을 둘러싼 8조각은 농민의 자경지로 하였다). 서양의 장원은 토지의 소유권이 영주에게 있고 농민은 영지의 토지를 공동으로 경작하는 '농노'였다. 중국 고대의 정전제 하에서는 토지는 제후의 소유이기는 해도 농민은 배타적인 토지 경작권을 가진 자경농이었다.

공자는 고대에는 이웃 '국'이 닭 울음소리가 들리는 정도에 거리에 떨어져 있고, 백성은 태어나서 죽을 때까지 다른 '국'의 백성과 교류할 필요가 없었다고 생각했고 그런 고대 사회를 이상향으로 생각했다.

— 2016년 8월 31일 연재

47 이해와 오해

데자뷔deja vu

프랑스어 데자뷔는 우리말로 기시감旣視感이라 번역한다. 어떤 사물과 사건을 마주했을 때 어디선가 이전에 경험한 것같이 느껴지는 착각을 일컫는 심리학 용어이다. 그런데 역사에서는 '감感'이 아닌 '사실史實'로서의 데자뷔가 많다. 강대국이 세력싸움을 벌이는 지정학적 위치에 터를 잡은 우리는 그런 사실적史實的 데자뷔를 정말로 예민하게 느끼고 영악하게 대응하지 않으면 생존이 위태로울 수 있다.

명이 쇠락하고 청이 일어서던 시기에 명은 청의 뒷등을 노릴 수 있는 위치에 있는 조선에게 군대를 동원하여 청을 공격하라고 요구한다. 그때 조선의 왕은 광해군이었다. 광해군이 왕세자였던 시절에 조선은 일본의 침략(왜란)을 당해 존망의 위기에 처했고 명으로부터 적지 않은 군사적 지원을 받은 적이 있으니 그 요청을 거절할 명분이 없었다. 조선 조정의 의론은 은혜를 갚기 위해(요즘 말로 하면 '혈맹의 도리'라고 할까) 당연히 명을 도와야함은 물론이고 오랑캐인 청을 섬길 수는 없다는 것이었다. 그러나 광해군은 청의 세력이 만만치 않으며, 소국이 대국의 세력 재편에 직접적으로 끼어들었다가는 곤혹스러운 처지에 몰릴 수 있다는 '영악스러운' 정세판단을 하여 파견군 사령관 강홍립에게 적당히 싸우는 척 하다가 청에 투항하라는 비밀지령을 내렸다. 강홍립은 이 지시를 충실하게 이행했다. 그는 투항한 뒤에도 대륙의 정세 변화를 수시로 광해군에게 내밀하게 알렸다. 광해군은 권력을 공고히 하려는 과정에서 반대세력을 키웠고 반대세력은 쿠데타로 그를 몰아냈다. 쿠데타의 명분 가운데 하나가 명을 적극적으로 섬기지 않았고 오랑캐(청)과 화친하였다는 것이었다.

쿠데타 세력이 옹립한 인조가 왕이 되었다. 그리고 정묘호란과 병자호란이 일어났다. 청은 명을 삼키기 전에 배후의 위협자인 조선을 확실하게 장악해두어야 할 필요가 있었고 그것이 두 차례 호란의 동기이자 목적이었다. 인조는 청의 침략군 사령관 앞에 나아가 참담하고 치욕스러운 항복의식을 치러야 했다. 나아가 항복이 큰 은혜라는 내용의 글을 새긴 비석(서울 송파 삼전도비)을 세워야 했다. 청에 포로로 잡혀있던 강홍립은 청의 의도에 따라 귀국하여 청과 조선의 강화를 주선했다. 청군이 물러간 후 강홍립은 조국에 남았고 오랑캐에 투항한 역적이라 하여 정치적 박해를 받다가 죽었다.

위의 사실史實에 등장하는 주요 출연자들의 이름에다 그 역할에 따라 지금 이 시대의 이름을 대입하면 사실史實은 현실과 흡사하지 않은가? 무엇이 중요한 국익인지는 옛날 역사 속에서 해답이 나와 있는 것 같다.

'싸드' 배치 문제를 두고 나라가 시끄럽다. 그런데 대통령은 '싸드'는 안보문제이고 안보에는 이견이 있어서는 안 된다고 말한다. 그 대통령의 아버지가 대통령이던 시절에 횡행한 '국민총화國民總和'란 말이 생각난다. 그리고 '말 많고 토 달면 빨갱이'란 그 시대의 속어도 생각난다.

— 2016년 9월 20일 연재

우리 곁의 조선족(1)

중국에 약 2백만명의 조선족이 '소수민족"으로 살고 있다. 그들은 왜 그곳으로 이주해갔을까? 그곳에서의 그들의 삶은 우리의 역사와 어떻게 연결되어 있을까?

첫 번째 이주의 물결(1620년~1677년). 1619년에 명明을 도와 후금後金의 누르하치 군대를 치기위해 조선 군대 1만 2천여 명이 중국의 동북 지역(이른 바 만주지역)에 파견되었다. 얼마 전 왜란 때에 군대를 보내준 명의 요청을 거절할 수 없어 군대를 파견하면서도 후금의 세력이 만만치 않음을 간파한 광해군은 명과 후금의 전쟁에 말려들지 않기 위해 비밀리에 조선 군대에게 적극적으로 싸우지 말고 투항하라는 지침을 주었다. 후금과의 전투에서 패배하고 살아남은 수천 명의 조선군 병사, 여기에 더하여 1627년 정묘호란과 1636년 병자호란 때에 청의 군대에 붙들려간 수만 명의 조선군 병사와 백성들이 중국 동북지역에 정착하게 되었다. 이들의 일부는 강제로 청淸의 팔기군八旗軍에 편입되었고 나머지는 만주족 왕공귀족의 전리품으로서 농노 혹은 빠오이(包衣, 가내 노예)가 되었다.

두 번째 이주의 물결(1678년~1880년). 명을 무너뜨린 만주족이 대거 산해관을 넘어 옮겨간 뒤 그들의 발상지인 동북지역은 주인 없는 땅이 되었다. 청 왕조는 이민족이 그들이 발상지에 들어오는 것을 금하였으나(봉금封禁) 자연 재해를 피해 한족과 조선 농민들이 몰래 이주해왔다. 1840년 이후 봉금정책이 해이해지고 마침 조선 북부에 심한 기근이 들어 조선 농민들이 압록강과 두만강 건너편으로 넘어가 많은 촌락을 이루었다.

세 번째 이주의 물결(1881년~1910년). 1875년 청은 수십만 한족 이주민이 정착한 기정사실을 인정하고 동시에 일찍부터 조선의 가난한 농민들이 거주 경작하고 있는 점도 묵인하는 정책을 폈다. 1881년에는 봉금정책을 공식적으로 폐지하고 훈춘에 간척 관리 관청을 세웠으며, 1885년에는 두만강 북안(지금의 연변지역)을 조선족의 '전문개간지역'으로 획정함으로써 조선족의 이민을 장려했다. 러시아가 중국의 동북지역으로 진출해오고 있는 상황에서 동북지역을 적극적으로 개척하여 대응하겠다는 것이 이 무렵 청의 정책변화의 원인이었다.

네 번째 이주의 물결(1911년~1931년). 조선을 병탄한 일본은 각종 수탈정책을 동원해 조선의 농민을 중국 동북지역으로 이주시키고 그들이 떠난 자리에 일본인 농민을 조선반도로 이주해오도록 하였다. 그리고 국권을 상실한 후 망국노가 되기를 원치 않았던 조선인이 대량으로 동북지역으로 이주했다. 중국은 일본세력이 동북지역으로 확장되어 오는 것을 저지하기 위해 조선족의 귀화를 강요하고 새로운 이민을 막았다. 이 때 많은 조선족이 중국정부의 압박을 피해 북만주지역으로 이주하였고 조선으로 귀환하는 이도 일부 있었다. 중국 정부의 통계에 따르면 1931년 현재 동북지역 조선족 인구는 63만 명이었다.

다섯 번째 이주의 물결(1932년~1945년). 일본은 청의 마지막 황제 부의를 내세워 동북 지역에 만주국이란 괴뢰정권을 세웠다. 중국전체를 삼키기 위한 전진기지이자 병참기지였다. 일본은 만주국을 "개발"하기 위해 식민지 조선인의 만주국 이주를 적극적으로 장려했다. 이때 조선인의 이민은 동북 지역 전체로 확산되어나갔다. 동북지역 조선족의 인구는 1939년에 106만 명, 1945년에는 215만 명이었다. 2차대전이 끝난 후 많은 조선인이 조선반도로 귀환하여 중화인민공화국이 수립되든 1949년 중국 조선족의 인구는 약 120만 명으로 줄었다.

— 2016년 9월 28일 연재

우리 곁의 조선족(2)

1980년대 초에 시행된 중국의 인구조사에서 박씨 성을 가진 조선족들이 약 370여 년 전부터 하북성 청룡靑龍현(孟家窩鋪村맹가와보촌), 요녕성 개盖蓋현(朴家溝村박가구촌)과 본계本溪현(朴家堡박가보)에 마을을 이루어 살고 있다는 사실이 밝혀졌다.

명과 청이 교체하든 시기에 청은 두 차례의 호란(胡亂, 1627년과 1636년)을 일으켜 조선을 제압하였다. 이때 대량의 조선 군사가 포로로 잡혀왔다가 팔기군八旗軍에 편입되었다. [만주팔기씨족통보通譜]에는 박씨를 포함하여 팔기 내의 조선인 성씨 43개가 열거되어 있다. 위에서 언급한 박씨촌은 명말 청초의 전란에서 포로가 된 사람들의 후손임이 분명하다. 전하는 말에 따르면 하북성 청룡현의 박씨네 선조들은 팔기군에 편입되어 관내關內로 들어갔다가 청 순치順治 연간에 궁정 정변에 연루되어 지금 살고 있는 곳으로 집단 유배되어 정착했다고 한다. 요령성 개현과 본계현의 박씨의 선조들은 만주 왕공귀족들의 농장에 농노로 배치된 사람들이었다.

박씨의 족보에 의하면 이들은 지금까지 중국에서 이미 15~16세대를 살아왔다. 한 세대의 연령 차이를 대략 25년 정도로 본다면 제1세대가 중국에 정착한 때는 지금으로부터 약 370년 전인 명과 청의 교체기가 된다.

사회적 역사적 원인으로 말미암아 박씨촌 사람들은 차별과 압박을 받지 않기 위해 수백 년 동안 자신의 족적族籍을 만주족 또는 한족으로 숨겨왔다. 이들은 비록 오래 동안 자신의 언어와 문자 및 풍속습관을 잃고 족적을 숨긴 채 살아오면서도 족보에서만은 조선인의 후예임을 기록해왔다.

중국은 헌법에서 소수민족에 대한 차별을 금하고 각 민족의 평등을 보장하고 있으나 실제로는 문화대혁명 때 까지 소수민족은 적지 않은 차별을 받아왔다. 그러나 1980년대에 들어와 중국공산당은 평등 불차별의 민족정책을 확고히 천명하였고 이 방침 아래서 1982년에 제3차 전국인구조사가 실시되었다. 이때 위에서 소개한 박씨들은 자신의 족적을 조선족으로 변경하여 줄 것을 청원하였고 이들의 청원은 수용되었다(중국에서는 호적에 출신 종족을 명시하도록 되어있음).

— 2016년 10월 12일 연재

우리 곁의 조선족(3)

한일합방 이후로 일본제국주의는 조선에서 철저한 무단통치를 벌였고 따라서 국내에서의 반일무장투쟁은 완전히 소멸되었다. 이 때에 연변 조선족 사회는 항일 무장투쟁의 기반이 되었다. 영토적으로는 중국의 한부분인 (조선-중국) 국경지역의 조선족 집거지역에서는 많은 무장조직이 생겨나 조선 경내의 일본 통치기구를 공격하였다. 조선족사회는 이런 군사행동의 물질적 인적 자원을 제공하였기에 일본 군경의 탄압과 토벌의 대상이 되어 많은 희생을 치렀다.

1919년 3월 1일 서울에서 3.1만세운동이 일어났다. 이로부터 영향을 받아 3월 13일에 용정에서 반일 대중시위가 일어나 4월 22일까지 연변 각지에서 시위가 그치지 않았다. 일제는 이를 군사적으로 탄압하기 위해 '훈춘사건'(일본이 중국 비적을 교사하여 훈춘의 일본영사관을 공격하게 한 사건)을 일으켜 일본군대를 파견한다. 유명한 '봉오동전투'는 이때 일어났다. 1920년 6월에 홍범도의 지휘 밑에 북로독군부, 신민단 등 반일무장부대들이 연합하여 봉오동에서 일본군 장교 야스가와의 '추격대'를 섬멸하였다. 봉오동전투는 조선족 반일무장부대들이 중국 경내에서 일본군을 패퇴시킨 첫 번째 전투로서 항일무장투쟁의 한 획을 그었다. 일제는 이에 대한 보복과 반격으로서 '경신년대토벌'을 벌인다. 1920년(음력으로 경신庚申년) 10월에 4개 사단의 군대를 동원하여 조선족 거주지역에 대한 '삼광작전"(남김없이 죽이고, 불사르고, 빼앗는다)을 펼쳤다. 일본군대는 조선족 마을을 지나가면서 가옥을 모조리 불태우고 사람은 보이는 대로 죽였다. 불완전한 통계에 의하면 훈춘, 연길, 화룡, 왕청 네 개 현에서 조선족 주민 3.500여명이 살해되고 5,058명이 체포되었으며 가옥 2,500여 채와 사립학교 30여개소가 불태워졌다. 1920년 10월 21일부터 26일까지 김좌진, 홍범도가 지휘하는 반일무장부대가 경신대토벌에 동원된 일본군과 화룡현 일대에서 전투를 벌였고 그중에서 가장 치열했던 전투가 청산리에서 벌어졌다. 이때의 전투에서 일본군 기병 연대장 가노를 포함하여 일본군 수백 명이 전사하였다. 봉오동－청산리전투는 무장 독립투쟁의 위대한 기념비이다.

1930년대로 들어와 일본은 만주국이란 괴뢰정권을 세워 중국 동북지역을 사실상 직접지배하게 된다. 국제정세의 변화에 따라 조선족의 항일무장투쟁도 중·일 전쟁의 한 부분으로 흡수되어 중국 공산당이 주도하는 유격투쟁의 형태로 전개된다. 그런 가운데서도 조선족 무장 세력은 일정 정도 독자성을 유지하면서 조선 경내에 수시로 진출하였는데 김일성부대는 그 중의 일부였다.

중국 조선족 사회는 한국의 근현대사와 긴밀하게 연결되어 있었다. 중화인민공화국이 수립된 후 한·중 간에 국교가 열리기까지 약 반세기에 가까운 세월 동안 냉전시대의 이념 싸움 때문에 그들과 우리는 단절되었다가 이제 다시 (문화적, 경제적으로) 연결되기 시작했다. 지금 우리 곁의 조선족은 "이주노동자"나 "중국내 소수민족"을 넘어 우리의 중요한 한 부분으로 받아들여져야 한다.

— 2016년 10월 26일 연재

청 왕조에서 활약한 조선인

1644년에 만주족 팔기군이 관내로 진입할 때 팔기군에 편성되어 있던 많은 조선족 부대도 함께 들어갔다. 수도인 북경에 주둔했던 팔기병 가운데서 제1고려좌령(佐領:팔기군 편성단위), 제1기고旗鼓좌령, 제2고려좌령, 제12좌령, 제14좌령 등은 모두 조선족들로 이루어진 좌령들이었다. 관내로 들어간 조선족 관병 가운데서는 무용이 뛰어난 명장들이 많았고 문화계와 정계에서도 두각을 나타낸 조선인이 있었다.

유명한 무관 이사충李思忠은 조선족이었다. 그는 1644년에 팔기군을 거느리고 섬서로 진격하여 동관을 점령하였고 강남으로 진군하여 양주를 함락하였다. 장강 남북의 10개 주와 현의 저항세력을 진압한 그는 지방의 최고 군사장관인 섬서제독提督으로 임명되었다. 그의 둘째 아들 이 음조李蔭祖도 많은 공을 세워 청 왕조의 병부상서(兵部尙書:국방장관)에 올랐다. 이음조의 아들 이 병李 炳은 강희康熙년간에 병부시랑(侍郞:차관)으로 있다가 그 후 지방의 최고 행정장관인 안휘성순무巡撫가 되었다. 이 사충의 셋째 아들 이현조李顯祖는 강희년간에 광동수사제독水師提督으로 있었다.

한걸은韓杰殷은 청 초기에 1등 경차도위(輕車都尉:세습작위 명칭)였던 한 니韓 尼의 아들인데 정홍기만주부도통正紅旗滿洲副都統으로 있다가 강희년 간에 수도의 최고 위수사령관인 호군통령護軍統領에 올랐다.

청 초기에 '고려인'으로 불렸던 김 간金 簡은 저명한 학자였다. 그는 '사고전서四庫全書'편찬팀의 부책임자가 되어 조선의 동활자를 모방한 대추나무 활자를 만들었다. 그는 건륭乾隆황제로부터 '김가金佳'란 성을 하사받았고 1792년에는 이부吏部상서에 올랐다. 그의 누이동생은 건륭황제의 귀비가 되었다.

안기安岐는 강희년간에 활동한 서화 수집 감정가인데 그가 편찬한 '묵연회관墨緣匯觀'이란 책은 지묵紙墨과 인장印章의 진위를 감정하는 교과서였다. 그는 건륭황제에게 많은 서화작품을 헌상하였고 죽은 후 그의 수집품은 대부분 청 황실이 소장하였다.

청 말기인 광서光緒년간에 정치무대에서 중요한 활동을 한 세속世續은 김씨 성의 조선 의주 출신 인물이었다. 그는 매우 박학다식하였고 1896년에 공부工部시랑에 올랐다. 그 후 종1품인 협판대학사協辦大學士,

군기대신軍機大臣이 되었다. 신해혁명辛亥革命 후에는 민국측과 황실에 대한 예우를 협상하는 일의 황실측 대표를 맡았다. '덕종(德宗:광서제)실록' 편찬 책임자였다.

— 2016년 11월 9일 연재

자유와 노예

　노예를 갖지 않았던 사회는 거의 없었다. 그러나 노예가 있는 사회와 노예를 기반으로 한 사회는 다르다. 전자에서는 노예의 수도 적었고 그들의 사회경제적 작용도 크지 않았다. 후자를 마르크스는 노예제 생산양식이라고 불렀는데 전체 인구에서 차지하는 노예의 숫자도 많았고 그들의 생산이 통치계급의 직접 수입이었다. 세계사에서는 노예를 기반으로 한 사회가 다섯 개 나타난다. 두 개—아테네를 위시한 그리스 도시국가(스파르타 제외), 로마통치하의 이탈리아와 골과 스페인(로마 제국 전체가 아님)—는 고대에 존재했고, 세 개—내전 이전의 미합중국, 스페인의 카리브해 식민지, 포르투갈 통치하의 브라질—는 현대까지 존재했다. 이들 사회에서는 노예의 숫자가 한창 때에는 전체인구의 1/3을 넘었다. 아테네와 미국은 자유와 민주의 간판스타이고 로마공화국은 완전한 민주사회는 아니었지만 자유를 표방했다. 시민의 자유를 최고의 가치로 내세웠던 도시국가가 바로 노예가 넘쳐나는 사회였고 대표적인 예가 아테네이다.

노예를 기반으로 한 다섯 개의 사회 가운데서 로마가 규모가 제일 컸다. 로마법의 대부분은 노예문제에 관한 것이다. 생각하고 말할 줄 아는 재산은 사회경제적으로 절대로 없어서는 안 될 생산도구였다. "자유라는 개념은 노예경제의 발전 덕분에 생겨났다." 로마에서는 (그리스와 마찬가지로) 자유인은 노예와 대칭되는 법적지위였다. 노예가 경작을 담당함으로써 자유 소농민은 정치에 참여할 수 있는 여유를 갖게 되었고 귀족은 사치를 누릴 수 있는 자원을 갖게 되었고 권모술수를 통해 공공의 사무를 통제할 수 있게 되었다. 간단히 말하자면 그리스·로마에서는 정치적 자유가 노예제와 함께 발전해갔다. 민주의 선봉에 섰던 나라들의 역사를 자세히 들여다보면 협상을 중시하고 피차의 자유와 평등을 인정하는 가치와 제도를 수립할 수 있었던 부분적인 이유는 외부인을 대량으로 잡아와 노예로 만들고 불평등과 부자유를 노예에게 전가시켰기 때문이다.

노예를 기반으로 한 사회에서는 노예제의 당연성을 강변하는 정교한 논리의 개발이 필요했다. 그리스의 시인 유리피데스는 한 작품에서 이렇게 말했다. "그리스인은 야만인을 통치할 운명을 타고 태어났다. 야만인은 그리스를 통치할 수 없으며 그들은 태생적인 노예이다. 자유는 우리의 혈관 속을 흐르고 있다." 아리스토텔레스도 말했다. "어떤 사람은 자유인으로 어떤 사람은 노예로 태어난다. 후자에게 노예제는 유익할 뿐만 아니라 정의正義이다."

현대에 사는 우리는 인간은 누구나 자유인으로 태어난다고 믿는다. 그러나 자유라는 개념의 역사에 비추어 볼 때 한 개인이 다른 개인에게, 한 집단이 다른 집단에게, 한 국가가 다른 국가에게 자유의 이름으로 부자유를 강요하고 있지 않은지 늘 살펴볼 일이다.

— 2016년 11월 23일 연재

중국의 피카소

한낙연(韓樂然: 1896~1947)은 길림성 연길현(지금의 연변조선족자치주 용정시)에서 태어났다. 그는 중국공산당에 가장 먼저 입당한 조선인이었고 동북지역 공산당 창건 지도자 중의 한 사람이었다.

어려서부터 그림에 뛰어난 재주를 보였던 그는 소학교를 졸업하고 연변전화국 교환원, 세관직원으로 일하다가 3.1만세운동에 적극 가담하면서 민족문제와 혁명이념에 눈을 뜨게 되었다. 1920년에 상해로 가 상해미술전과학교에 입학했고 여기서 전문적인 회화교육을 받았다. 1923년에는 소주 일대를 여행한 스케치 작품으로 개인전을 열어 진보적인 미술가란 평판을 얻었다. 1922년에 채화삼(蔡和森, 중국공산당 창당멤버이

자 모택동의 장사사범학교 동기동창)을 알게
되었고 그의 영향을 받아 1923년 말에 중
국공산당에 입당했다. 당의 지시에 따라
1924년에 동북지역으로 돌아와 그곳에 지
하당을 건립하는 일에 매진했다. 봉천(지
금의 심양)에서 사립미술학교를 세우고 이
학교의 교수 신분으로서 지하당을 구축하
는 한편 국민당 외곽단체의 회원으로 가입   한낙연

하여 신분을 위장했다. 1925년에 하얼빈으로 옮겨가 중학교 미술교사
로 일했다. 이 시기에 그는 뛰어난 그림실력으로 여러 차례 전시회를 열
고 대중을 상대로 한 미술운동을 펼침으로서 사회적 명사가 되었고, 이
를 기반으로 하여 다수의 지식 청년들과 저명인사를 공산주의로 이끌
었다. 공산당 지도부의 승인과 지원을 받아 1928년 말 러시아로 건너가
공부한 후 다시 프랑스, 영국, 스위스, 네델란드, 이탈리아에서 그림을
공부했다. 1937년 귀국한 후 항일구국운동에 참가했다. 1945년 일본이
패망한 후 돈황석굴의 발굴과 보호 작업에 헌신했다. 1946~1947년에
는 신강 지역의 석굴벽화를 촬영하고 모사하는 일에 매달렸다. 중국 예
술가 가운데서 중국 고대예술의 보물창고라고 불리는 키질 천불동 벽화
를 최초로 체계적으로 정리한 사람이 바로 그였다. 그는 중국 서북지역
의 풍광과 인물과 문물을 현대적 화법으로 묘사한 작품을 대량으로 남겼
는데 당대의 평자들로부터 "중국의 피카소"란 별칭을 얻었다. 그의 작품

은 전통문화와 예술을 접목시켰고 회화와 고고학을 융합시켰다는 평가를 받았다. 그가 남긴 대량의 사진작품과 회화작품은 중국내 여러 미술관에 흩어져 소장되고 있다. 1947년 7월, 신강지역 답사를 마친 후 우루무치에서 난주로 돌아오는 국민당 군 비행기에 탑승했다가 비행기가 추락하면서 사망했다.

식민지 시대에 중국대륙에서 음악과 영화분야에서 뛰어난 업적을 남긴 조선인은 더러 알려져 있으나 미술 분야에서 활동한 한낙연의 공적은 아직도 우리에게는 생소한 얘기다.

— 2016년 12월 7일 연재

광화문 단상

　반갑지 않은 겨울비가 약간 흩뿌리든 어느 토요일 오후에 나는 광화문에서 열리는 집회에 참가하려고 경의선 열차를 탔다. 직장 때문에 서울에서 독신 생활을 하는 아들에게 주말에 집에 들르겠냐고 전화로 물었더니 광화문 시위에 가야하기 때문에 시간을 낼 수 없다는 답변이 돌아왔고 그것이 나의 서울행을 유인했다.

　30여 년 전인 1987년 6월 어느 날 땡볕아래서 나는 서울 시청 앞 광장에 서 있었다. 그 때 (대통령 직선과 학우의 죽음에 대한 책임을 요구하는) 학생들의 대규모 시위에 이른바 '넥타이부대'가 동참하기 시작하자 정국은 급전했고 곡절을 거친 끝에 마침내 제6공화국이 출생했다. 나는 그

넥타이부대의 한 사람이었다. 시위에 참가한 나의 바람은 간단명료했다 ― 내 자식들에게는 자유롭고 정의로운 사회를 물려주고 싶다. 그런데 30여년이 지나 그 때의 내 나이에 다다른 내 아들이 광화문 시위에 참가하여 묻고 있다. "이게 나라냐?"고. 광화문에 도착한 나는 거대한 사람의 물결 속에서 참담함을 느꼈다. 30여 년이 지났는데 어찌하여 이건 나라도 아니라는 지경으로 되돌아갔단 말인가…한편으로 나는 거대한 무리가 내뿜는 숨결 속에서 강렬한 희망의 기운을 느꼈다. 대통령의 즉각 퇴진을 요구하는 구호와 더불어 그 못지않게 강력하면서도 다양한 욕구를 표현하는 구호가 넘쳐나고 있었다. 사람들은 소리치며 묻고 있었다. 더 이상 이렇게 살 수는 없다! 무엇이 잘 사는 것이냐! 그리고 광화문에는 30여 년 전과는 달리 (넥타이부대와 학생만이 아니라) 남녀노소 모든 연령층, 모든 직업군이 골고루 나와 있었다. 그것도 100만 명이 넘는…

　나는 지금 대통령의 아버지가 대통령이었던 시절에 소년기와 청년기를 보냈다. 아버지 대통령은 5.16쿠데타를 일으키고 나서 이른바 '혁명공약'이란 걸 발표했는데 그 마지막 구절이 이랬다. "이와 같은 우리의 과업이 성취되면 참신하고도 양심적인 정치인들에게 언제든지 정권을 이양하고 우리들(군인)은 본연의 임무에 복귀할 준비를 갖춘다." 물론 이 약속은 지켜지지 않았다. 아버지 대통령은 3선 개헌을 하면서 이렇게 약속했다. "마지막으로 한번만 더 대통령하겠다. 이후로는 국민 여러분에게 표 달라고 구걸하지 않겠다." 그는 이 약속은 완벽하게 지켰다. 유신쿠테타를 일으켜 국민이 대통령을 뽑을 필요가 없어져 버렸다. 아버지 대통령은 유신체제를 일컬어 '한국적 민주주의'라고 하면서 자신에 대한 평가는 '국민이 아니라' '역사에 맡기겠다'고 했다. 식언과 궤변은 전승되는 유전자인 것 같다.

역사는 국민이 만드는 것이다. 그러므로 국민의 평가가 역사의 평가이다. 지금 우리는 광화문에서 그것을 보고 있다. 나의 평생을 규정해온 박정희 시대, 그 야만의 시대가 이제 겨우 저물려하는 모양이다.

— 2016년 12월 21일 연재

우리 술

애석하게도 우리에게는 위스키나 마오타이처럼 나라를 대표할만한 술이 없다. 1905년 을사조약으로 대한제국이 사실상의 식민지가 된 후 1909년에 제정된 주세법과 한일 합방 후 1916년에 제정된 주세령으로 술은 양조허가를 받은 사람만 빚을 수 있게 되었다. 이런 정책은 지금까지도 큰 변화 없이 이어져 우리나라에서는 공장에서 대량생산되는 획일화된 술만 남게 되었다. 조선시대의 각종 문헌은 200가지를 넘는 술의 이름과 제조법을 전하고 있는데 지금은 거의 다 사라져버렸다.

조선시대의 술은 만드는 방식에 따라 대개 탁주濁酒, 청주淸州, 소주燒酒 세 가지로 나뉜다. 탁주는 글자의 뜻 그대로 뿌연 술이며 "마구 걸러냈다"하여 막걸리라 부른다. 고두밥을 쪄서 식힌 후 누룩을 섞고 따뜻한 물을 부어 발효시킨 것이 술밑酒母이고, 술밑에다 물을 붓고 체로 걸러낸 것이 탁주이다. 청주는 탁주와 같은 방법으로 만드나 거를 때에 용수를 술독에 넣고 용수 속에 고인 맑은 술을 떠낸 것이다.

우리 고장 파주가 배출한 뛰어난 박물학자 서유구(徐有榘, 1764~1845) 선생의 저서 《임원경제지》에는 약현(藥峴, 지금의 서울 중림동)에 살았던 약봉藥峰 서성徐渻의 모친인 고성 이씨가 이 술(청주)을 잘 만든다 하여 약주藥酒라 부른다는 기록이 있다. 조선시대 대표적인 청주는 삼해주三亥酒였다. 한강변에서 삼해주를 빚느라 막대한 양의 쌀이 낭비된다하여 18세기 이후로는 삼해주 제조 금지령이 자주 거론되었다.

소주는 "불태운 술"이다. 솥에 술밑을 채우고 그 위에 증류기(소주고리)를 연결한다. 솥 밑에서 불을 때면 휘발한 알콜 성분이 증류기를 통과하면서 이슬처럼 맺혀서 내려오는데 이것을 받아낸 것이 소주다. 그래서 소주를 일명 노주(露酒, 이슬 술)라 부른다. 오늘날 우리가 익히 듣고 있는 "진로眞露"란 상표가 여기서 비롯되었다. 소주의 제조기법은 화학이 발달했던 아라비아에서 시발했다는 것이 학계의 통설이다. 중국 문헌에서는 소주를 아라길阿喇吉, 아리걸阿里乞라 하였고, 우리나라에서도 소주를 내릴 때 나는 냄새를 아라기 냄새라 하고 개성에서는 소주를 아락주라 하였는데 모두가 소주란 뜻의 아랍어 '아락araq'에서 유래한 말이다. 소주는 고려 후기에 원나라를 통해 우리나라에 들어왔다. 소주 산지로 이름난 개성, 안동, 제주도 등이 모두 원나라의 일본 정벌과 관련

된 지역임은 시사하는 바가 많다.

지금 우리가 마시는 소주는 공업적으로 대량 생산된 알콜에다 물을 부어 희석시키고 그기다가 각종 향료를 넣어 만든 것이다. 그러므로 값이 싸 서민이 즐기는 술이지만 조선 시대에는 소주는 상류층이라야 마실 수 있는 고급주였다. 《태조실록》에는 이성계의 맏아들 방우芳雨가 소주를 너무 마셔 병이나 죽었다는 기록이 나온다. 이수광李晬光이 지은 《지봉유설》(1614년)에는 소주는 비싸고 독해서 작은 잔에 따라 마시므로 작은 술잔을 소주잔이라 부른다고 하였다. 사를르 달레(Charles Dallet)가 편찬한 《조선 교회사》(1874년)는 양반들은 여름에 꿀물과 소주를 많이 마신다고 기록하였다. 여름에도 시어지지 않는 술은 소주이기 때문이다. 율곡 이이는 여름철 제사에서는 청주는 맛이 쉬 변하니 소주를 쓰라고 권고하는 글을 남겼다.

— 2017년 1월 25일 연재

우리나라의 성씨(姓氏)제도

　우리나라의 성씨제도는 매우 복잡하다. 성씨가 사용된 시기는 삼국 이전부터인 것으로 알려져 있으나 사실은 중국문화를 본격적으로 수용한 6,7세기쯤부터라고 할 수 있다. 신라가 삼국을 통일함으로써 고구려와 백제계의 성씨는 계승되지 못했고, 후삼국시대에는 지방 호족들에 의해 신라계 성씨를 중심으로 중국식 성씨가 활발하게 보급되었다. 후삼국을 통일한 고려 태조 왕건은 각지의 호족들에게 지역을 근거로 한 성씨를 나누어 줌으로써 성과 본관을 토대로 하는 성씨제도가 정착되었다. 본관이란 성이 기반하고 있는 지역을 말한다.

　조선 초기 지방행정 단위가 대대적으로 개편되었다. 이에 따라 지역을 세분하여 다양하게 존재하든 본관도 15세기 후반부터는 점차 주읍(主邑: 지방 수령이 주재하는 곳) 중심으로 통합되어 갔다. 이 과정에서 본관을 달리하던 동일 성씨가 같은 본관을 쓰게 되는 경우가 생겨났다. 이들 동성은 혈연관계가 없었지만 점차 동본으로 취급되었다.

본관이 바뀌는 계기는 행정구역의 개편 때문만은 아니었다. 조선시대에 문벌의식이 고조되면서 저명한 조상이 없는 가문에서는 기성의 명문거족에 편입되기 위해 자발적이며 적극적으로 본관을 바꾸어 나가기도 했다. 또한 조선 후기에 이르러 성이 없던 천민층이 양인화함에 따라 성을 갖게 되는 층이 크게 증가했다. 16세기까지만 하더라도 성이 없는 사람이 전체 인구의 40%정도였다. 성이 없던 천민층이 점차 성을 갖게 되었음에도 새로운 성씨는 거의 출현하지 않았다. 새로 성을 갖게 된 사람들이 기존의 유명 성씨를 선택함으로써 도리어 지역적 연관성이 없는 본관의 성씨가 전국적으로 산재하게 되었다. 천민들의 후손은 오늘날 이들 유명 성씨의 족보에 등재되어 있을 것이다. 결국 40% 정도의 사람들이 혈연적으로 아무런 관련이 없는 성씨의 족보에 이름을 올리고 있는 셈이다.

새로 성을 가지게 된 이들은 호적상으로 각기 그들의 거주지에 편호됨으로써 거주지가 곧 본관이 되었다. 그래서 일시적으로 새로운 본관이 대거 나타나기도 하였지만 이들은 점차 유명 본관으로 본관을 바꾸어 버림으로써 기존의 성씨에 자연스럽게 편입되었다. 조선 초기에 4,500개가 넘던 성관姓貫이 오늘날에는 오히려 3,400여 개로 줄어든 사실이 이런 사정을 반영한다.

신분제 사회에서는 상민에게는 경제적 부담이 가중되었다. 다산 선생은 상민들이 군역을 면하기 위해 족보를 위조하는 세태를 지적하였다. 양반에도 격이 있었다. 양반은 더 높은 문벌 가문이 되려고 족보를 위조했다.

오늘날 성과 족보를 가지지 않은 사람은 없다. 족보는 성과 본관의 역사를 담고 있지만 위에서 살펴본 변화의 과정을 사실대로 보여주는 것이 아니라 변화된 최종 결과만을 수록하고 있을 뿐이다. 신분제 사회가 아닌, 개인의 능력이 우선시 되는 사회에서 성씨와 족보의 내력을 신성불가변의 존재로 받들 이유가 없다. 그러므로 족보만 가지고 "뼈대 있는" 집안의 구성원이라고 가벼이 자랑하지도 말 것이며 "뼈대 없는" 집안이라고 기죽을 일도 아니다.

— 2017년 2월 8일 연재

대만 원주민

19세기 말 청일전쟁(중국 측에서는 갑오전쟁이라 부른다)의 결과 청 왕조는 대만을 전쟁배상금으로 일본에 떼 주어야 했다. 일본 식민정부는 대만 원주민을 고산족과 평지족으로 구분했다. 대체로 보아 고산족은 한족과의 동화를 거부하고 고산지대로 들어갔고 평지족은 한족과의 동화 정도가 비교적 높다는 차이가 있다. 대만 원주민의 현재 인구는 대략 50만이며 부족 구성이 복잡하다. 이들은 지금까지도 조상이 물려준 전통과 생활방식을 잘 보존하고 있다. 부족마다 자기 조상신을 섬기고 뱀을 토템으로 하는 공통점을 갖고 있다. 언어는 부족 간에 차이는 있어도 매우 유사하며 전부 오스트로네시아 어계Austronesian Languages에 속한다.

최근 수십 년 동안 오스트로네시아 어계의 분포와 분화과정을 연구한 서방 고고인류학자들은 매우 놀라운 연구결과를 내놓았다. 대만 대분갱 大坌坑유적의 거주민은 중국 대륙 연해지역에서 건너왔고 이 유적은 또한 대만 원주민의 발원지이다. 그리고 태평양과 인도양의 거의 모든 섬의 주민은 대분갱유적의 자손이며 같은 오스트로네시아 어계의 언어를 사용하고 있다. 다시 말해 그들은 대만 원주민과 같은 혈통이며 대만은 오스트로네시아 어족의 고향이다. 1990년대 초에 오스트랠리아의 피터 벨우드Peter Bellwood가 이런 주장을 내놓은 후 국제학계에서 이를 지지하는 사람들이 늘어났다. 미국학자 자레드 다이어몬드Jared Diamond도 1997년에 ≪총포, 병균, 강철≫이란 저서에서 벨우드의 주장을 전적으로 지지하였다.

벨우드는 중국과 동남아지역의 언어를 크게 4개 어계로 나누었다(중국-티베트, 묘요苗瑤, 타이-카다이, 오스트로네시아). 중국학자들은 중국 신화를 빌려 어계의 형성과 확산을 설명한다. 상고시대에 황하유역의 화하족黃帝과 동이족炎帝이 연합하여 묘족(蚩尤치우)을 패배시킨다. 황제와 염제의 자손은 중국 전역으로 퍼져나가며 중국-티베트 어족으로 발전한다. 묘족은 패배한 후에도 요, 순, 우로 대표되는 중원세력에 쫓겨가다가 중국 남부와 동남아에 지역에 동화 정착하면서 묘요 어족과 타이-카다이 어족을 형성한다. 묘요 어족은 중국 남부와 태국 등지에 약세인 체로 남아있고 타이-카다이 어족은 라오스, 버마와 중국 남부지역에 분포해있다. 쫓겨 가던 묘족의 일부는 복건과 광동 연해에 이르렀다가 최종적으로는 바다건너 대만으로 밀려난다. 대분갱문화는 6, 7천 년 전에 복건과 광동에서 이주해 온 사람들이 일군 것이다. 이들은 조상의 언어와 뱀 토템을 숭배하는 문화를 그대로 간직했다.

학자들은 초기 대만 원주민들이 배의 속도를 높이면서도 전복되지 않고 항해할 수 있는 통나무배 건조 기술을 발전시켰다는 증거를 발견했다. 대분갱문화의 선주민들은 대만섬 전역으로 퍼져나갔고 일부는 더 넓은 바다로의 모험을 감행했다. 필리핀군도, 비스마르크군도, 솔로몬군도, 마리아나군도, 사모아군도, 폴리네시아군도… 가장 북쪽으로는 하와이군도, 가장 동쪽으로는 이스터군도, 가장 남쪽으로는 뉴질랜드까지…그리고 보르네오, 말레이군도, 자바, 수마트라…가장 멀리는 인도양을 건너 마다가스카르까지. 비교적 큰 섬을 만났을 때는 토착세력과의 충돌을 피해 우회하거나 토착세력에 동화되었다.

세계에 현존하는 어계 가운데서 오스트로네시아 어계의 분포지역이 가장 넓다. 오스트로네시아 어족의 인구는 대략 2억 오천만, 그 발원지 대만 원주민의 5백배가 된다.

— 2017년 2월 27일 연재

진시황 불노초와 '한 건 해먹고 튄' 인물 서복
─진시황秦始皇과 신무천황神武天皇

　　≪일본서기≫는 일본의 현존하는 가장 오래된 정사이다. 이 책은 일본의 건국신화와 역대 천황들의 사적을 기록하고 있다. 아득한 옛날에 만물은 혼돈에 빠져 있다가 음양이 나뉘면서 하늘과 땅이 나타났다. 그리고 하늘과 땅 사이에 신들이 등장했다. 그 중에서 남녀 한 쌍의 신이 부부가 되었다. 이들 부부 신이 일본열도를 낳고 또 태양(天照大神천조대신)의 신과　달의 신(月讀尊월독존), 악의 신(素箋鳴尊소전명존)과 불의 신 등 여러 신을 낳았다. 악의 신이 하늘에서 내려와 지상세계를 통치했다. 천조대신이 그의 손자天孫에게 3종의 신기神器를 전해주면서 일본열도에 내려가 악의 신의 자손을 몰아내고 일본을 통치하라고 명령했다. 천손

은 몇대로 이어져 내려갔고 제4대 천손이 바로 신무천황이다. 신무는 45세에 정벌전쟁을 시작했다. 대화大和 지방에서 격렬한 싸움을 벌여 토착세력을 제압하고 6년 동안 각 지방 세력을 평정하여 대화정권을 세웠다. 신무는 이렇게 일본을 개국하고 제1대 천황이 되었다. 오늘날에도 일본인들은 천황의 혈통이 그때부터 지금까지 한 번도 끊어지지 않고 이어져 내려왔다고 믿고 있다.

진시황은 중국을 통일한 후 장생불노약을 찾으려 했다. 서복徐福이란 도사가 동해의 신선들이 사는 삼신산에 그런 약초가 있다는 상주문을 올렸다. 서복은 진시황의 명령을 받고 불노초를 찾아 떠났다. 진시황 37년(기원전 210년, 진시황이 죽기 1년 전)에 시황제는 천하를 순시하든 중 낭야(瑯琊, 지금의 산동성 청도 남쪽)에 이르러 서복을 불러 그간의 성과를 물었다. 10여 년 동안 수없이 바다로 나가 엄청난 비용을 소모하고서도 아직 불노초를 구하지 못한 서복은 목숨을 건지기 위해 바다에 큰 교어(鮫魚, 고래)가 있어 삼신산으로 가는 길을 막고 있다고 이유를 둘러댔다. 진시황은 직접 고래잡이 선단을 지휘하여 바다로 나갔고, 실제로 고래를 만나고, 잡았다. 서복은 이번에는 바다에서 만난 신선이 불노초를 구하려면 동남동녀와 오곡의 종자를 가져와야 한다고 말했다고 둘러댔다. 진시황은 3천 명의 동남동녀와 각종 기술자, 고래잡이 기구와 전문가를 서복에게 주었다. 서복은 다시 바다로 나갔고 그리고는 돌아오지 않았다(서복은 목숨을 구하기 위해 집단탈출 이민을 계획했다).

중국대륙과 대만의 학자들 가운데는 서복이 일본에 도달하여 정착했다고 주장하는 이들이 있다. 서복은 지금의 와카야마和歌山현 구마노熊野의 신궁新宮)에 상륙했다. 신궁에는 지금까지도 그를 모시는 사당과 그의 묘라는 것이 남아 있다(후세 사람들이 전설에 부회하여 만든 것이겠지만). 서복이 상륙한 구마노는 예부터 일본 고래잡이 어업의 중심지이다. 구마노 고래잡이 어업의 기지 태지정太地町은 "진지포秦地浦"라고도 하는데 진나라 사람들이 거주한 해안지대란 뜻이다. 이곳에서 고래잡이 배의 선장은 "진사秦士"라고 부른다. 고래잡이는 진나라 사람들이 전해준 기술임이 분명하다. 이런 정황으로 미루어 볼 때 신무천황이 바로 서복일지도 모른다. 이것이 주장의 요지다.

일본문명은 신석기시대 말기에서 청동기시대로 진입할 때 비약적인 발전을 하는데 그 배경에는 도래인들의 활약이 강하게 작용한 특징이 있다. 이런 사실을 바탕으로 그런 주장이 나오게 된 것이다. 물론 신무=서복에 대한 반대론도 튼튼한 논거를 갖고 있지만 전국시대와 진통일 시대에 중국인이 꾸준히 일본으로 건너온 사실은 분명한 기록으로 남아있다.

그런데, 한국 쪽 전설에서는 서복이 불노초를 찾아내서 서쪽(중국)으로 돌아갈 때 출발한 포구가 제주의 서귀포西歸浦라는데…여하튼 서복은 절대 권력자의 허영심을 이용해 멋지게 '한 건 해먹고 튄' 인물이며 그 과정에서 한·중·일 여러 곳에 발자욱을 넘긴 인물임이 분명하다.

— 2017년 3월 8일 연재

최후의 황군(1)
27년간 밀림속에서 살던 요꼬이

한자에 와전옥쇄(瓦全玉碎: 온전한 기왓장과 부서진 옥)란 말이 있다. 구차하게 살아남는 것(와전) 보다 장렬하게 죽는 게(옥쇄) 낫다는 뜻이다. 태평양전쟁 때에 일본군은 전세가 불리할 때 투항하지 않고 전원이 전사할 때까지 '결사항전'하는 경우가 종종 있었다. 일본군은 항복을 수치로 여기도록 훈련받았고 포로가 되었다가 돌아오면 극형에 처한다는 법이 있었다. 당시 일본 언론은 전투에 졌을 때 '패배'라고 하지 않고, '옥쇄'라는 표현을 쓰면서 전원 전사를 은폐하고 미화하고 부추겼다. 이러다보니 1945년 8월 15일에 일본 정부가 정식으로 항복하고 난 후에도 수개월, 수년, 심지어 수십 년 동안 개인으로, 또는 소규모 집단을 이루어 투항하지 않고 버티는 일본군이 있었다.

태평양전쟁이 끝나고 28년이란 시간이 지난 1972년에 격전지였고 전쟁이 끝난 후에는 미군의 속령이 된 괌 섬의 밀림에서 원주민 사냥꾼들이 옛 일본군 육군하사 출신의 패잔병 요꼬이 쇼이치(橫井莊一, 1915~1997)란 인물을 찾아냈다. 발견될 당시 요꼬이는 오랜 야생생활을 한 탓에 언어능력을 상실한 상태였다.

1944년 7월, 미군은 사이판 섬에서 격전을 치르고 승리한 후 일본군의 다른 요새인 괌 섬으로 진격했다. 이때 요꼬이는 투항하지 않고 깊은 밀림 속으로 달아났다. 소총을 도구로 삼아 굴을 파고, 나뭇가지를 꺾어 입구를 가리고 그 속에서 생활했다. 쥐, 개구리, 뱀, 야생과일이 그의 주식이 되었다. 일본이 투항 한 후 미군은 종전을 알리고 투항을 권하

는 전단을 공중에서 살포하였고 요꼬이도 이 전단을 보았으나 포로가 되면 귀국 후 극형에 처해진다는 두려움 때문에 27년 동안이나 밀림 속에 숨어 살았다. 귀국 할 때 모여든 기자들을 향해 그가 내놓은 제일성은 "부끄럽게도 살아 돌아 왔습니다"였다. 언론은 그를 '최후의 황군 병사'로 치켜세웠다. 요꼬이는 처벌받기는커녕 국민적 영웅이 되었다. 귀국 후 결혼했지만 결혼생활은 1년 만에 끝났다. 그가 파경에 이른 이유를 아는 사람은 없었다(아마도 27년 동안 습득한 '야인'생활의 습관을 버리지 못했기 때문이 아닐까?).

요꼬이는 1997년에 82세의 나이로 숨을 거두었다. 그는 일본 군국주의가 만들어 낸 희비극의 주인공이었다. 2004년, 요꼬이 집안과 나고야시 정부가 합의하여 『요꼬이 기념관』을 열었고 2006년부터는 이혼했던 요꼬이의 부인이 이를 넘겨받아 사립으로 운영하고 있다. 기념관에는 요꼬이가 야생생활을 하는 상황이 복원되어 있다.

그런데 이런 것들이 왜 기념되어야 하는지 잘 모르겠다. 군국주의는 일본인들에게 아직도 숭상되어야 할 대상이기 때문이 아닐까?

— 2017년 3월 22일 연재

최후의 황군(2)
계속 되는 은둔 패잔병 영웅만들기

요꼬이는 1972년 1월에 미국령 괌에서 발견된 후 2월에 귀국했다. 일본 언론은 그를 투항을 치욕으로 여기도록 가르친 '전진훈戰陣訓'을 27년 동안이나 철저하게 지킨 영웅적인 '최후의 황군'으로 띄워 올렸다. 귀국 후에 요꼬이는 상점을 열고 집 뒤뜰에다 '밀림 동굴생활 박물관'이란 걸 차려놓아 사람들이 모이게 만들었다. 1974년에는 참의원 선거에도 입후보했다.

그로부터 2년이 지난 1974년 3월에 오노다 히로小野田寬郎란 또 한명의 '최후의 황군'이 필리핀 루방 섬에서 '투항'했다(계급은 육군 소위). 그는 1944년에 일본제국 육군의 간첩양성학교인 나가노학교를 마치고 3명의 부하와 함께 필리핀으로 파견되어 밀림 속에서 '유격전'을 벌였다. 1949년에 대원 가운데 한 명이 밀림에서 나가 투항했지만 오노다는 나머지 부하 두 명을 데리고 계속하여 '명령을 기다렸다'. 1952년에는 일본 정부가 투항을 독려하는 선전대를 현지로 파견했으나 아무 성과 없이 돌아왔다. 1972년 10월, 오노다의 마지막 남은 부하가 현지 경찰과 총격전을 벌이던 중에 총탄에 맞아 죽었고 밀림에는 그 한사람만 남았다.

1974년 2월, '민간탐험가' 스즈키가 혼자서 밀림으로 들어갔다가 우연히 오노다를 마주쳤다. 스즈키는 귀국 방책을 마련하겠다고 약속했다. 3월에 한 무리의 티브이 카메라 멘과 신문기자가 오노다가 숨어있던 밀림으로 몰려왔다. 오노다의 형이 확성기를 들고 "집으로 돌아가자"고 외쳤고 투항을 권유하는 플래카드를 단 열기구를 떠올렸다. 일본의 심리전 전문가의 제안에 따라 '최후까지 전투를 벌인 황군'을 밀림으로부터 유인해내기 위해 일본군이 '승리'했으며 '영웅'을 영접하기 위해 대부대가 본국에서 온 것처럼 연출하였다. 오노다의 위치를 확인한 후, 그의 옛 상사가 '항복명령'을 하달하고, 수백 명의 기자들이 지켜보는 가운데 옛 상사가 오노다를 데리고 나왔다. 언론은 '강인하게 버텨낸', '우수한 황군'의 '충성과 희생'을 극적으로 미화했다.

일본 국내에서 오노다의 신화가 한참 만들어지고 있을 때 갑자기 새로운 '최후의 황군'이 또 나타났다. 1974년 12월, 인도네시아의 밀림 속에서 자칭 나까무라中村라는 황군 병사가 나타났다. 일본 언론은 다시 열광했다. 그런데 그 광기는 갑자기 식었다. 그리고 나까무라는 출연정

지당했다. 알고 보니 이 황군 병사는 대만인, 더 정확하게는 '이광휘李光輝'란 이름을 쓰는 고산족 원주민이었다. 기자회견에서, 왜 부대를 떠나 30년이나 혼자서 밀림 속을 돌아다녔냐는 질문에 "그들이 나를 괴롭혔기 때문"이라고 답했다. 옛 전우들을 만나고 싶으냐는 질문에는 "보고 싶지 않다. 그들은 너무 싫다"고 답했다(태평양전쟁 말기에 일본은 식민지인 대만과 조선에서 병력을 강제징집하기 시작했다. 일본인과 한족으로부터 이중의 착취를 당하던 대만 고산족 가운데서는 곤궁한 생활을 면하기 위해 기꺼이 일본군에 지원하는 경우가 많았다).

태평양전쟁후'정글생활 29년' 前 일본군 소위 사망. 태평양 전쟁 종료 후 29년간 필리핀의 정글에서 버티다 생환한 전 일본군 소위 오노다 히로 씨가 16일 도쿄의 한 병원에서 91세의 일기로 사망했다. 군복을 그대로 입은 채 무기와 전투장비를 갖춘 오노다가 1974년 3월 투항후 거수경례를 하고 있다.(도쿄 교도=연합뉴스)

일본으로부터 식민지배를 경험한 우리로서는 아무리 생각해도 이토록 맹목적이고 순종적인 병사를 길러낸 그 시대와 그 문화를 좋은 눈길로 바라볼 수가 없지만 일본인의 입장에서는 그런 병사가 자랑스러운 표상인 것 같다.

— 2017년 4월 5일 연재

167

닮은 꼴

1950년 6월 25일, 북한군이 남한의 수도 서울을 향해 쳐들어왔다. 대통령이란 사람은 서울을 사수한다는 방송을 하고는 일지감치 대전으로 거처(?)를 옮겼다. 대통령의 말을 믿고 있었던 서울 시민들은 그 방송이 있었던 날 오후에 미아리 쪽에 적군의 탱크부대가 나타나자 서울을 탈출하기 시작했다. 6월 28일 새벽 두시 쯤 한강다리가 폭파되었다. 다리를 건너고 있던 피난민 행렬도 다리와 함께 공중으로 날아오르고 강물 속으로 처박혔다. 한강다리가 끊어졌을 때 서울 일원에는 한국군 총병력의 절반에 가까운 4만4천명 5개 사단의 병력이 배치되어 있었다. 퇴로가 끊긴 이들 부대는 모든 중장비와 중화기를 강북지역에 남겨둔 채

한국전쟁때 끊어진 한강다리

각자도생 방식으로 강을 건너면서 분산되었다. 정부의 무능한 대책에 시민의 분노가 끓어오르자 교량 폭파작전을 현장에서 지휘한 공병감 최창식 대령이 속죄양으로 군법회의에 넘겨지고 9월에 서둘러 사형이 집행되었다. 1964년에 최대령의 부인이 재심을 청구하였고 재판부는 명령에 따른 작전이었다며 무죄를 선고했으나 폭파명령을 내린 자가 누구인지는 밝히지 않았다.

중일전쟁이 한창이던 1938년 상반기에 일본군은 서주徐州대회전에서 우세한 화기를 이용해 24만의 병력으로 60만의 장개석 군을 격파하고 개봉開封을 함락시킨 후 계속해서 서쪽으로 진격했다. 중국군은 일본군의 공세를 늦추기 위해 황하의 남쪽 뚝을 무너뜨려 홍수를 일으켰다. 이 홍수로 민간인 가옥 145만 채가 물에 잠기고 1천만 명의 이재민이

중국 장개석군대의 화원제방 폭파

발생했으며 89만 명의 민간인이 사망했다. 일본군의 피해는 사상자 1천여 명 뿐이었다. 같은 해 하반기에 중·일군은 무한武漢에서 다시 맞붙었다. 중국군은 110만의 병력을 동원하였고 일본군은 35만을 동원하였으나 우세한 화기를 갖추고 특히 제공권을 장악한 일본군이 전투의 주도권을 잡았다. 일본군이 대거 호남성 장사長沙로 진격해왔다. 중국군은 진격하는 일본군이 이용할 수 있는 어떠한 물자도 남겨두지 않는다는 이른바 '초토작전'으로 맞섰다. 중국군의 명령으로 장사시에서 한밤중에 수백 명이 수백 곳에서 동시에 불을 질렀다. 도시는 삽시간에 불길에 휩싸였고 어떤 경고도 듣지 못했던 시민들은 잠자다가 뛰쳐나와 아무것도 지니지 못한 채 피난했다. 이 일로 민간인 사망자는 2천여 명에 불과(?)했으나 3일 동안 지속된 화재로 장사시 건물의 80%가 무너지고 민간인 가옥 5만여 채가 재로 변했다. 전국에서 정부를 성토하는 소리가 높아

지자 장개석은 민심을 달래기 위해 장사시 경찰국장과 경찰 간부 몇 명을 서둘러 총살했다. 민심이 떠난 자리에는 중국공산당이 파고들어 확고한 터전을 잡았다.

　무능한 지도자가 벌이는 정책은 많이도 닮았다. 그런데 한국정부는 한강 다리를 끊는 정도였지만 중국은 대국이라서 그랬는지 아예 강뚝을 무너뜨려 대규모 홍수를 일으키는가 하면 도시 하나를 그냥 잿더미로 만들어버리는 웅대한 스케일을 보여주었다.

— 2017년 4월 19일 연재

62 이해와 오해

모내기철에 '헤이리'소리 한자락

   모내기를 준비하는 철이다. 어릴 적의 추억을 더듬어 보면 지금쯤 들녘에는 모판을 준비하느라 사람들이 부산하게 움직였다. 요즘은 농사도 많은 부분이 기계화되었다. 나가보면 부산스러워야 할 들녘에는 간간히 농기계가 보이고 기계음만 들린다. 모내기 때만 그런 게 아니라 추수할 때까지 (벼농사의) 전 과정이 조용하게 기계화되었다. 경영학에서 말하는 생산성이야 엄청나게 높아 졌지만 무언가 그곳에 있었던 익숙한 것들의 부재不在에 대해 허전함을 느끼게 된다. 내가 사는 파주 탄현면(금산리)의 나이 많은 농부들이 회상하는 옛 농사 모습을 글로 정리하여 아쉬움을 달래본다. 옛일을 알지 못하는 세대에게도 조금 참고할 가치가 있는 기록이 되었으면 좋겠다.

곡우穀雨 무렵에 볍씨를 낙종落種한다. 모판에 물을 넣어 말갛게 갈아 앉힌 다음에 낙종한다. 그래야 볍씨의 간격을 잘 볼 수 있다. 봄이라 낮에는 바람이 불어 식전에 끝내야 하므로 몇 집이 품앗이로 함께 작업한다(7, 8명가량). 낙종하기에 앞서 논둑에 제물(북어, 막걸리)을 차려놓고 풍년을 비는 제를 올린다. 망종芒種 전후 3일부터 하지夏至 무렵까지 모를 낸다. 아침 일찍부터 모를 쪄놓고 10시 반쯤에 나오는 참 겸 점심을 먹고 모를 심는다. 모내고 나서 한 달쯤 되면 호미로 애벌김(애낌이라 했다)을 맨다. 애벌김을 매고 나서 10~15일 뒤에 손으로 두벌김을 매고 다시 보름 정도 지나 세벌김(삼동이라 했다)을 맨다. 7월 백중百中에 호미씻이를 했다. (음력) 10월에 나무 절구통을 엎어놓고 벼 타작을 한다.

김매는 철이 되면 두레가 선다. 두레꾼은 25명 정도. 나이 많은 동네 어른 한 분을 영좌領座로 모시고 영기令旗)를 세웠다. 기는 흰 바탕의 천에 먹으로 "농자천하지대본農者天下之大本"이라 세로로 길게 쓰고 양 옆에 일 년 열두 달을 상장하는 지네발 12개씩을 달았다.

두레김 매러 나갈 때, 김 맬 때, 김매고 들어올 때 농악을 하고 농요를 불렀다. 논매러 오고가는 길에 큰말(안말, 금산2리)두레와 헌턱골(죽현1리) 두레가 자주 마주치게 된다. 헌턱 두레가 먼저 꾸며진 영좌 두레라며 절 받으려하고 한편은 절하지 않으려고 해서 두레싸움이 일어난다. 호미씻이할 때는 큰말, 넘말(바깥말, 금산1리), 헌턱골의 3개 두레가 서로 초대해서 함께 즐겼다.

이제는 농악을 하는 일도 없고 농악을 할 줄 아는 사람도 없어지고 농요를 부를 줄 아는 사람도 소수만 남았다. 농요는 받음구와 메김구가 있어 서로 주거니 받거니 부른다.

탄현면 법흥리 성동 사거리에 10여 년 전 '헤이리 예술마을'이란 마을이 들어섰다. 그러자 요양원, 유치원, 방앗간, 부동산 개발사업, 유원지, 식당 등 탄현면에는 곳곳에 '헤이리'란 이름이 붙었다. 그 뜻이 무언지도 모르면서 다들 이곳저곳에 끌어다 붙여 쓰고 있다. 그 마을에 사는 주민들은 자기 마을이름의 뜻과 유래를 알고 있을까? '헤이리'는 사실은 금산리 농요('헤이리소리')의 받음구의 한 부분이다. 사라져가는 농요가 이렇게라도 흔적을 남겼으니 다행이다. 여기 적어서 알리고자 한다.

"에–에헤/에 헤이 어허 야/에 헤 에엥 헤이리/노 호 오 야"

— 2017년 5월 2일 연재

63 이해와 오해

대통령선거와 TV토론

　대통령 선거가 끝났다. 이번 선거는 우리 역사에 여러 가지 중대한 의미와 흔적을 남길 것이다. 만족하든 불만이든 누구에게나 이제 새로운 시대가 열리고 있다.

　이번 선거의 운동방식 가운데서 중요한 변화는 여러 가지가 있지만 그 중에서도 TV토론이 유권자의 결정에 큰 영향을 미쳤다는 점을 주목해야 할 것이다. TV토론은 언제부터 선거운동의 방식이 되었을까? 이 방면에서는 역시 미국이 '선진국'이다.

　1960년은 미국 정계의 선두그룹이 대폭 교체된 해로 기억된다. 아이젠하워나 트루먼 같은 늙은 세대가 퇴진하고 '뉴프런티어'를 내건 케네디와 '새로운 닉슨'을 내건 닉슨 같은 젊은 그룹이 전면에 등장했다. 공화당계 백만장자들로 채워진 내각을 이끌고 문제를 해결하기 보다는 임시방편으로 덮고 넘어가기를 선호하던 전임 아이젠하워 대통령은 후배들에게 적지 않은 난제를 넘겨주고 떠났다. 세계 최초로 인공위성을 쏘아 올렸던 소련의 호전적인 흐루시초프 수상은 위협적인 말을 쏟아내고 있었다. 흑백 통합교육 때문에 미국은 분열되어 있었고 머나먼 베트남의 밀림 속에 미군 고문관들이 하나둘씩 모습을 드러내기 시작했다.

미국은 과감하고 새로운 리더십이 필요했다. 닉슨(46세)도 케네디(43세)도 젊은 후보였다. 그리고 두 후보 모두 진취적인 공약을 들고 나왔다. 그런데 닉슨은 아이젠하워 밑에서 두 번이나 부통령의 경력을 쌓았으니 요즘말로 하자면 '준비된 대통령'쯤 되었다. 여론조사도 닉슨이 약간 우세했다. 하지만 선거결과는 케네디의 당선이었다. 닉슨의 중요한 패인의 하나는 바로 TV토론의 열세였다. 이 때 TV 토론이 처음으로 선거 운동방식으로 등장했다. 첫 번째 토론은 1960년 9월 26일 시카고에서 방송되었다. 6백만 명의 미국 시민이 토론내용을 들었다. 라디오 중계를 들은 사람들은 대부분 닉슨이 이겼다고 생각했다. TV를 지켜본 사람들은 케네디가 이겼다고 생각했다. 케네디는 젊고 패기 찬 모습이었지만 닉슨은 지치고 나이든 모습으로 비쳤다. TV방송을 지켜본 닉슨의 어머니가 닉슨에게 아프냐고 묻는 전화를 걸 정도였다. 분장의 잘못이었다. 그 뒤로 세 차례나 더 TV토론이 있었지만 유권자는 첫 번째 토론이 준 강렬한 인상만 기억했고 라디오방송 보다는 TV방송이 유권자를 훨씬 더 많이 불러 모았다. 이 때의 선거는 미국역사에서 투표율 60%를 넘긴 마지막 선거였다. 선거인단 숫자에서는 케네디가 303:219로 이겼지만 유권자 투표에서는 케네디가 119,450표(총투표수의 1%의 1/10에도 못 미친다)만 앞섰다.

여담 한마디. TV토론 이후 케네디가 어디로 유세를 가든 그가 묵는 호텔에는 젊은 여성들이 몰려들었다. 그리고 아침 일찍 그의 방에서 살며시 나와 사라지는 금발 머리의 여인이 언제나 있었다.

— 2017년 5월 17일 연재

전학삼을 생각한다

유인우주선을 우주로 보내는 기술은 모든 과학기술의 총합이며 국가적 역량이 투입되어야 하는 사업이다. 유인우주선을 쏘아올린 나라는 러시아, 미국, 중국 세 나라 뿐이다. 중국이 미사일, 핵무기, 유인우주선을 개발할 수 있었던 기술적 기반을 갖추는데 결정적인 공헌을 한 인물이 전학삼(錢學森, 첸쒜썬, 1911~2009년)이란 과학자이다. 그의 삶을 살펴보면 여러 가지로 곱씹어 볼만한 의미가 드러난다.

그는 청나라의 백성으로 태어나 중화민국과 중화인민공화국의 시민으로 살다가 중화인민공화국의 시민으로 죽었다.

그는 1935년에 국비장학생으로 선발되어 미국(MIT와 칼리포니아공대)

으로 가서 공기동력학을 공부했다. 그런데 그가 받은 장학금이 또한 역사적으로 상징적 의미를 가진 것이었다. 1889년 의화단의 난이 일어나고, 결국 8개국(영·불·미·러·이·일·독·오)이 (자국민보호를 명분으로) 군사적으로 개입하여 난을 진압했다. 이때 청 정부는 8개국에 피해 보상금을 지급했다. 미국은 이 보상금을 중국의 교육을 지원하는 조건으로 반환했는데, 그래서 세워진 대학이 지금의 청화대학(1911년 설립)이고 이 학교가 도미 유학생을 선발하고 장학금을 지급했다.

그는 1944년에는 미군 점령하의 독일로 가서 로켓개발에 참여한 독일 과학자들을 미국으로 데려오는 작업에 참여했고, 이들이 훗날 NASA의 인력과 기술의 바탕이 되었다. 1949년에는 (미 공군 전력 개발의 핵심기지인) 제트추진연구소 소장이 되고 이어서 미 공군의 고문이 된다. 1949년에 중화인민공화국이 수립되자 전학삼은 고국으로 돌아갈 준비를 했다. 그러나 1950년대의 히스테리에 가까운 반공 매카시즘, 군사기술이 중공으로 유출되는 것을 꺼린 미국 정부의 제재 때문에 그는 5년 동안이나 연금 상태에 놓였다. 당시 미 해군부 차관은 전학삼 한 사람의 지식이 5개 사단 병력과 맞먹는다며 그를 돌려보내느니 죽여 버리는 게 낫다고 말했다.

1954년에 제네바에서 프랑스 철수후의 월남문제와 한국의 통일문제를 논의하기 위해 (미, 소·불, 영, 중공이 참석한) 회담이 열렸다. 미국과 중공 사이에 한국전에서 포로가 된 미군 조종사를 돌려주고 전학삼을 귀국시킨다는 막후 합의가 이루어졌다. 훗날 주은래 중공 수상은 "제네

전학삼과 모택동. 1956년

바회담은 실패로 끝났지만 전학삼의 귀국이 모든 것을 보상하고도 남는다"고 말했다.

1991년 중국 정부는 그에게 "국가를 위해 걸출한 공헌을 한 과학자"란 명예 칭호와 1급 모범영웅훈장을 수여했다.

그런데 전학삼은 수상연설의 절반을 할애해 아내와 예술을 찬양했다. "결혼 한지 44년이 되었습니다. 아내 장영(蔣英, 쟝잉)과 나는 전공이 전혀 다릅니다. 아내는 소프라노 가수입니다. 나는 아내 덕분에 독일 고전가곡에 대한 이해를 갖게 되었습니다. 예술이 포함하고 있는 시적 정서를 통해 나의 인생에 대한 이해는 깊어졌고 세계에 대한 나의 인식은 풍부해졌습니다. 아내로부터 예술방면의 영향을 받았기 때문에 나는 완고하고 기계적인 유물론자를 면할 수 있었습니다."

요즘의 중국과 미국의 대결 양상을 보면서 전학삼의 이력에서 역사의 묘한 아이러니를 느끼기도 하지만 내게는 그의 예술찬양론이 더 큰 울림으로 닥아 온다.

완고하고 기계적인 공산주의자(또는 자본주의자)가 안 되려면 어떻게 해야 할까?

— 2017년 5월 31일 연재

잊혀진 사람(2), 무정武亭

　무정의 본명은 김무정이다. 1905년 함경북도 경성에서 태어났다. 집안이 가난하여 서울에서 고학하며 학교를 다녔다. 14살이던 1919년에 3.1운동에 참가했다. 이후 명문 중앙고보에 입학했고 이 학교를 다니며 사회주의자인 몽양 여운형으로부터 많은 영향을 받았다. 1923년(18세)에 독립운동에 매진할 생각으로 중앙고보를 자퇴하고 중국으로 건너갔다. 문화대학에서 공부하다가 군벌이 세운 군사학교 동북강무당에 들어가 포병과를 마쳤다. 군벌 군대에서 군벌들 간의 전쟁에 참가하여 뛰어난 공을 세우고 22세에 포병 중령이 되었다. 1925년에 중국 공산당에 입당했는데 당시 당원 수는 천 명을 넘지 못했다. 군벌 군대에서 나와 장

개석의 북벌군에 들어갔다. 1927년 장 개석이 공산당을 탄압하기 시작하면서 그에게도 체포령이 내려져 도피했다. 무한에서 체포되어 사형선고를 받았으나 장개석 독재를 반대하는 학생시위 덕분에 풀려나 상해로 갔다. 1929년 상 해노동자 폭동이 일어났을 때 그는 외

국인이면서도 군사적 재능을 인정받아 지도부의 일원으로 참여했다. 폭 동이 실패로 끝난 후 홍콩을 거쳐 여러 지역을 전전하다가 팽덕회 휘하 의 홍군에 들어갔다. 그는 홍군에서 포병부대를 창설했다.

1934~1936년 사이에 진행된 홍군의 장정 과정에서 그는 포병 중대 장, 대대장, 연대장이었고 누산관 전투에서 중요한 공을 세웠다. 장정 과정에서 무정의 역할은 헤리슨 솔즈베리가 쓴 '장정비화'에도 기록되 어 있다. 장정을 시작할 때 홍군 내에는 조선인 혁명가 30여 명이 있었 다고 하는데 장정이 끝났을 때 살아남은 사람은 그와 양림楊林뿐이었다. 그는 뛰어난 전공으로 빠르게 승진하여 마지막으로는 중국공산당 군사 위원회 위원이 되었는데 정치적 배경이 없는 외국인으로서는 파격적인 출세였다.

연안 시절에는 조선 출신 청년들을 (조선의용대 중심으로) 불러 모아 군 사훈련을 시켜 일본군과 싸웠다. 해방 후 귀국하여 조선노동당 제2서기 로 선출되었으며, 북한 인민군 포병부대를 창설했고(포병총사령관) 6.25

전쟁에도 참전했다(인민군 제2군단장, 수도방위사령관). 전쟁 중에 (장정시기에 얻은 악성 위궤양이 재발하여) 팽덕회의 주선으로 1952년 중국으로 후송되었다가 조국에서 죽고 싶다는 본인의 희망에 따라 북한으로 옮겨진 후 얼마 안되어 1952년 10월에 군병원에서 사망했다. 6.25 종전 후 북한에서는 김일성 단일 체제가 수립되는 과정에서 (조선의용대가 주축인) 연안파가 숙청되면서 그의 존재도 포병 전문가로 축소되었다. 남한에서는 이념 때문에 그를 평가하지 않는다.

한 시절 조국 독립의 큰 뜻을 품고 대륙과 한 반도를 누비며 신명을 바쳤던 혁명가들 가운데서 조국의 남쪽에서도 북쪽에서도 다 같이 지워버린 인물들을 어떻게 기억해야 할까……

— 2017년 6월 14일 연재

독재자의 아들

모택동 공산당 군대와의 내전에서 패배한 장개석 국민당 군대는 대만 섬으로 옮겨가 하나의 작은 정권으로 몰락했다. 그 때 국민당에게는 두 개의 정치적 명제가 있었다. 하나는 대륙 정권과의 관계에서 더 이상 물러설 수 없는 절박한 처지였고, 다른 하나는 원래 아무런 정치적 기반을 갖지 않았던 대만에서 어떻게 정권의 안정을 유지하느냐 하는 문제였다. 두 가지 난제를 다 해결할 수 있는 방법은 철저한 국민당 일당체제의 기초 위에 장개석 일인독재를 유지하는 것이었다.

반공 이데올로기를 정권유지의 수단으로 사용했다는 점에서 우리에게도 부끄러운 과거가 있지만 대만은 그 점에서 우리보다는 훨씬 더 절

박한 상황에 놓였었고 따
라서 대처 단수도 훨씬 더
높았다. 국민당이 대만 섬
으로 옮겨온 1949년부터
1987년까지 40년 가까이
대만은 계엄령 하에 있었
다. 이 시기를 '백색공포의
시대'라고 부르는데, 공산
주의(또는 대륙)와 관련되
었다는 약간의 의심만 사
도 사람이 흔적도 없이 사
라졌다(우리는 그래도 엉터

리이나마 사법절차의 외피는 지키려 했다는 점에서 조금 낫다고 할 수 있다).

　독재자 장개석(1887~1975년)은 죽기 전 아들 장경국(1910~1988년)에
게 후계자 수업을 철저히 시켰다. 장경국은 아버지의 후광을 바탕으로
하여 국민당과 행정부를 장악했고 아버지 사후에 곧바로 대만의 최고
지도자가 되었다. 그런데 장경국은 청년 시절(1925년부터) 모스크바의
중산대학에서 공부했고 소련 공산당 당원이 되었으며 충실한 공산당원
으로 살았다. 한때는 공산주의자의 입장에서 아버지의 중국 통치를 비
난하고 부인하는 성명을 공개적으로 발표하기도 했다. 장경국은 1937
년에 소련생활을 정리하고 아버지 곁으로 돌아왔다. 여러 가지 곡절을

겪으며 아버지와 국민당 체제에 타협하고 적응했다.(지면 관계로 여기서는 더 언급할 수 없지만 등소평과 장경국은 중산대학 동창생이었고 두 사람은 훗날 같은 시기에 대륙과 대만에서 최고 권력자의 자리에 올랐다. 장경국은 귀국할 때 러시아 여자인 아내와 그 사이에서 난 아들과 함께 왔다).

장경국은 최고 실권자가 된 후에 대만의 정치 경제에 근본적인 영향을 미치는 중요한 개혁과 변화를 추구했다. 그는 '행정원장'이 되고서 (1972년) 10대 경제건설 정책을 시행하였고 그 결과 대만은 이른 바 '아시아의 네 마리 용(한국, 대만, 홍콩, 싱가폴)'의 하나로 부상했다. 국가 행정의 간소화와 부패척결을 성공적으로 해냈다. '정치와 사회 혁신' 8대 과제를 실천하여 다당제를 도입하고(그 결과 지금의 민진당이 생겼다), 언론 출판에 대한 통제를 없앴고, 대륙과의 교류를 시작했고, 가장 중요한 것은 38년 만에 계엄을 해제했다. 지금 우리가 보고 있는 대만은 이렇게 그의 리더쉽 아래서 틀을 갖추었다.

장경국은 독재자의 아들로서 후계자 수업을 받았다. 그러나 그는 아버지를 추종하거나 복원시키려 하지 않았다. 그는 대만 사회가 미래로 나아갈 길을 알았고, 그 것을 정치에 충실히 반영하려 했고, 그리고 성공했다. 지금도 대만의 역대 정치지도자에 대한 인기도 조사에서는 그가 1위를 차지한다.

최근에 우리는 대통령을 탄핵했는데 반드시 자랑스럽게만 생각할 수 없는 일면도 있다. 법정에 선 전직 대통령을 보면서 장경국을 생각해 보는 까닭이 여기에 있다.

(여담 하나: 장경국은 1966년에 대만 국방부장관 자격으로 한국을 방문했다.)

— 2017년 6월 28일 연재

영웅의 죽음

칭기즈칸을 모르는 사람은 없다. 그의 정복 사업은 세계사의 새로운 문을 열어놓았다. 그는 위대한 정복자, 영웅, 제국의 건설자이다. 그런데 우리는 그의 무덤이 어디 있는지 모른다. 더 나아가 그가 어떻게 죽었는지도 모른다.

정사인 『원사元史』에 나오는 칭기즈칸의 죽음에 관한 기록은 너무 간단하다. (서기1277년) "가을 7월 임오壬午 날 기축己丑 시에 살리천사로道薩里川啥老徒의 행궁에서 뜻밖에 죽었다"는 단 한 줄의 기록만 있다. 한 자 글자 수로 치면 딱 스무 자이다. 죽은 후 몽고의 켄트산에 묻혔다고 하나 그의 무덤이 확인 된 적은 없다. 그의 사망 원인에 대해서는 지금도 온갖 추론이 어지럽다.

당시 로마교황청의 사절로 몽고에 와있었
던 카르피니 신부는『우리가 타타르라고 부
르는 몽고인의 역사』란 책에서 칭기즈칸은
벼락을 맞아 죽었다고 기록했다. 그 시
절 서방세계의 간절한 희망이 아니었
을까...

징기스칸

몽고인 사캉이 17세기 후반에 썼고
몽고의『사기』라는 평가를 받고 있고『사고전서』에도 수록된『몽고원류
蒙古源流』는 다음과 같이 기록하고 있다. 징기스칸이 서하西夏를 공격하
자 서하가 항복을 구걸했다. 칭기즈칸은 서하의 왕비를 약탈했다. 어느
날 칭기즈칸이 서하 왕비를 욕보이자 성격이 강경해서 칭기즈칸을 깊이
증오하던 왕비가 칭기즈칸의 남근을 물어 뜯은 후 강에 투신하여 스스
로 목숨을 끊었다. 칭기즈칸은 출혈과다로 죽었다. 이 얘기는『몽고원
류』를 제외하고는 정사는 물론이고 야사에도 등장하지 않는다(다만 지금
도 외몽고인들 사이에서 구전되고 있다). 그래서였는지는 모르나 몽고군의
피정복민 학살은 유명하지만 서하에 대해서는 유독 가혹하고 철저했다.
서하 왕국을 세운 탕구트인은 아예 종족 자체가 사라져버렸다.

마르코 폴로는 1275년에 중국에 와서 17년을 쿠빌라이 치하의 원나
라에서 살다 갔다. 그는『여행기』에서 칭기즈칸이 서하를 공격하는 전투
중에 서하 병사가 쏜 독화살이 무릎에 박혀 중독사했다고 기록했다. 그

러나 이 얘기를 뒷받침하는 어떤 간접증거도 없어 많은 사람들이 의문을 표시한다.

또 하나의 사망 추정원인은 말에서 떨어져 뒤따르던 병사들의 말발굽에 밟혀 죽었다는 설. 이 가설의 기초는 『몽고비사』이다. 13세기에 몽고인이 썼다고 추정되며(작자미상) 몽고인의 역사를 가장 폭넓게 기술 했다는 평가를 받고 있고 세계문화유산으로도 지정된 『몽고비사』는 칭기즈칸이 서하 정복전쟁 중 사냥을 나갔다가 말에서 떨어진 사실만 기록하고 있을 뿐 이후의 사태에 대해서는 언급이 없다.

마지막으로 아들 우구데이에게 독살되었다는 주장. 최근 러시아 학계가 발굴한 킵착 칸국의 사료를 바탕으로 한 주장이다. 그에게는 아들이 네 명 있었다(차례대로 조치, 차가타이, 우구데이, 툴루이). 조치와 차가타이가 칸 자리를 두고 경쟁했다. 칭기즈칸은 첫째와 둘째의 싸움을 막기 위해 셋째인 우구데이를 후계자로 선정했다. 그러나 셋째에게 불만을 느낀 그는 가장 사랑하던 막내 툴루이를 후계자로 세우려 했다. 이를 눈치 챈 우구데이가 아버지를 독살 했다는 추론이다.

필자가 지지하는 추론은? 남근 물어 뜯김 설. 왜냐면 가장 극적이면서 가장 비영웅적인 죽음이니까……(사실은 아들에 의한 독살설이 가장 설득력이 있다. 동서양과 고금을 통 털어 권력의 속성이 그런 거니까.)

— 2017년 7월 12일 연재

경석자지敬惜字紙

중국을 여행하는 기회가 있으면 자세히 살펴보기 바란다. 도시의 오래된 시가지나 주택가 모퉁이에 용도가 무엇인지 짐작하기 어려운 돌확이 놓여 있고 그곳에 '경석자지'란 글이 새겨져 있다. 또 사람의 왕래가 많은 길에 붙은 담장에 작은 구멍이 뚫려 있고 그곳에도 같은 글이 새겨진 벽돌이 박혀있다. 마을과 마을을 연결해주는 길 옆에 벽돌로 쌓은 탑이 서있고 그곳에도 같은 글이 새겨진 돌기둥이 탑신 속에 박혀 있다. 글귀의 뜻은 "글자가 적힌 종이를 존경하고 아끼라"는 것이다. 이런 구조물의 용도는 무엇일까? 쓰레기통이다. 그런데 종이만 모아서 태우던 쓰레기통이다. 이제는 생활환경이 바뀌어 이런 쓰레기통은 그냥 흔적으로 남아있지만 지난 세기 6,70년대까지도 역할을 하고 있었다.

'경석자지'는 중국인의 오랜 습속이다. 사람들은 길을 가다가 글이 적힌 폐지를 보면 주어서 이 쓰레기통에 넣으며 "죄지었네, 죄지었네"하였다. 외출에서 귀가하면 주워온 폐지를 화로에 넣어 태웠다. 사람들은 글자는 혼이 있어서 글이 적힌 종이를 아무데나 버리는 것은, 또 그런 종이를 밟고 지나가는 것은 죄라고 믿었다.

옛날에는 시골이든 도시든 폐지만 태우는 소각로—'자지로(字紙爐)'—가 세워져 있었다.

'경석자지'의 풍습은 과거제도와 깊은 관련이 있지만 본질적으로는 문자에 대한 존경심에서 나온 것이다. 명·청시기에 불교에서 석자율(惜字律, 문자를 아끼는 계율)이란 것을 가르쳤다. 불교의 인과응보 논리를 이용해 문자는 신성하다고 강조했다. 이렇게 해서 '경석자지'와 운명론이 결합되었다. 글씨가 적힌 종이가 신격화되자 수많은 금기가 파생되었다. 글씨가 적힌 종이는 함부로 버려서는 안 되고 씻지 않은 손으로는 책을 만질 수가 없었다. 이렇게 '경석자지'는 자손의 복락을 비는 수단이 되었다. 글이 적힌 종이를 짓밟는다면 후대의 자손은 문자와는 인연이 멀어져 무지몽매하게 될 것이다.

노신魯迅 선생은 '경석자지'에 대해 이렇게 설파했다(『문외문담[門外文談]』제6절). "문자는 특권층의 소유물이었기 때문에 존엄과 신비성을 갖게 되었다. 중국의 문자는 지금까지도 매우 존엄하다. 우리는 늘 담벼락에 쓰인 '경석자지'란 문구를 보면서 성장했다. 귀신을 쫓아내고 병을 낫

게 하는 문구는 모두가 문자의 신비성에 기댄 것이다. '경석자지. 풍속
은 여기서 시작되었다.'"

중국에서는 문화대혁명이란 역사에 유례가 없는 혼란기를 겪으면서
자지로는 많이 사라졌다. 문화와 교육이 널리 보급되면서 문자에 대한
존경심과 신성화도 서서히 사라졌다. '경석자지'는 결국 역사가 되었다.
물론, 문명에 대한 존경과 감사라는 관점에서 보자면 '경석자지'와 지식
을 존경하는 분위기는 중국 문명만이 아니라 인류 전체의 문명 안에서
끊이지 않고 이어질 것이다.

문자는 정보를 실어 나르던 가장 중요한 도구였다. 디지털 시대에 정
보는 곳곳에 흘러넘친다. 인터넷에서 스마트폰에서 손가락만 까딱하면
정보가 쏟아진다. 그러나 정보는 파편화된 소식일 뿐 지식이 아니다. 지
식은 정보를 연결하고 검증하여 하나의 논리로 세워진 체계이다. 지식
과 지식을 연결하여 더 높은 차원의 깨달음을 얻을 때 우리는 그것을 지
혜라고 한다. 그곳에 이르는 가장 빠르고 확실한 길은 예나 지금이나 책
을 읽는 것이다.

디지털의 바다에서 익사하는 신세가 되지 말자. '경석자지'의 정신으
로 책에서 좌표를 찾자.

— 2017년 7월 26일 연재

이해와 오해

초판 1쇄	인쇄 2017년 10월 16일
초판 1쇄	발행 2017년 10월 22일
펴낸곳	신문협동조합파주에서
지은이	박종일
펴낸이	임현주
디자인	여현미
출판등록	2017년 10월 13일 제 406-2017-000139호
주 소	경기 파주시 아동로 22 D동 201호(금촌동, 미래상가)
전 화	031) 948-4900
팩 스	031) 948-4912
전자우편	atpaju@hanmail.net
홈페이지	http://www.atpaju.com
페이스북	https://www.facebook.com/atpaju

＊잘못된 책은 바꾸어 드립니다.
＊이 책의 무단 복제와 전재를 금합니다.

값 12,000원